Peer Volunteer

ピア・ボランティア世界へ

ピア《仲間》としての障害者の国際協力

久野研二 編著

JICA国際協力専門員（社会保障）

現代書館

まえがき

この本のタイトルを見て、「あれ、ピュア（Pure：純粋）の間違いじゃないの？」と思った人もいるかもしれないですね。いえいえ、間違いではないのです。ピア（Peer）で合っているのです。そして、これがこの本の中で一番大事な言葉なのです。その大事な部分が聞き慣れないカタカナ言葉ですいません。

ピアとは、日本語では、「（同じ）仲間、対等者」などと訳されますが、この本の内容に沿って訳すならば、「同じ、もしくは似た体験や経験を（共有）した人」という感じになるでしょう。経験を共有していることによって、相手の気持ちや必要と思うことがより良く理解できたり、より強い共感をもった関係性がつくられると言われています。東日本大震災のときに、阪神淡路大震災や新潟県中越地震を体験した人たちや組織がいち早く効果的な被災者支援にボランティアとして乗り出したのは、皆さんの記憶にも新しいのではないでしょうか。また、この「ピア」という言葉、福祉分野の人なら、ピア・カウンセリングという言葉を聞いたことがあるかもしれませんね。これは障害や病気など似たような経験をもつ人同士がお互いが聞き役・話し役となって行うコ・カウンセリング（双方向カウンセリング）のことです。

この本には、何度も「障害」という言葉が出てきますが、この本での障害の意味は、目が見えないとか歩けないといった単なる心身の機能的な違いのことではありません。そのような違いを理由に教育や就職といった社会参加の機会が平等に与えられなかったり、社会から排除されたり差別されたりしている状況を意味します。この意味での「障害」という課題に向き合っている日本の障害者が、同じ課題に向き合っている途上国の障害者と共に、障害という課題における「ピア」として国際協力という舞台で活動したボランティアの記録がこの本です。この本の目的の一つは、彼・彼女らの挑戦を振り返ることで、障害者自身がボランティアとして国際協力に関わることの意義や可能性を考えることにあります。しかし、それ以上に皆さんと一緒に考えたいのは、「する－される」という関係性を問い直し、つくり直すことです。

最も一般的な言葉を使えば「助ける」と表現されるであろう関係性が、国際協力の場合は貧困という状況にある途上国の人々（される側）と先進国の私たち（する側）の間に、（障害者）福祉の場合は障害者（される側）と福祉の人間（非障害者：する側）との間につくられ、それはボランティア活動においても同じです。そして、その「助ける側」と「助けられる側」の関係は必ずしも対等な関係ではなく、往々にして「する側」に物事を「決めたり」、「したり」、というある種のチカラが偏っています。この偏りはやっぱりおかしいんじゃないか。では、どうしたら、この関係を変えていけるのだろうか。〝障害者のため〟ではなく、途上国の障害者と「ピア」の関係にある日本の〝障害者による〟挑戦を振り返ることで、「する－される」という関係をどう壊し、つくり直していけるのか、またいくべきなのか、その答えを皆さんと一緒に考えたいのです。

それによって私たちは、国際協力や福祉やボランティアといった「する－される」という関係性がつくられやすい場の中に身を投じる自分自身の価値観や行動規範を問い直し、新しいカタチの行動に踏み出せるのではないだろうかと考えています。

さて、前置きはこのくらいにして、ピア・ボランティアの挑戦を一緒に見ていきましょう。

久野研二

二〇一二年三月、マレーシアにて

ピア・ボランティア　世界へ＊目次

カバー・表紙イラスト　奈良﨑真弓

1章

ピア、ボランティア、そしてピア・ボランティア

私が初めてピア・ボランティアのチカラを感じたのは、今から二十年以上前に私自身が青年海外協力隊でマレーシアに赴任したときでした。そのとき私の前任者として活動していたのが、英国のレスリーという全盲のボランティアでした。彼女は早期療育センターや親の会を立ち上げるなど、その後のサラワク州の障害者福祉の基礎となるサービスをつくり上げていました。しかし、それだけではなく、障害者である彼女自身がボランティアとして働いていたことで、社会福祉局の中にサービスの担い手や物事を決めていく過程に障害者自身が関わることの大事さや効果が理解され、実践され始めていました。

さて、この本にはタイトルも含めて聞きなれないカタカナ言葉がけっこう出てきます。それらがこの本を読み進めていく上では鍵でもあるので、いくつかの重要な言葉・概念について、まずはその意味を一緒に考えたいと思います。

ピア

「ピア」というのは聞きなれない言葉でしょう。辞書的には「(同じ)仲間、対等者」と訳されますが、「同じもしくは似た体験や経験を(共有)した人」という意味がわかりやすいと思います。これは同じ場所と時間で同じ体験をしたもの同士ということもあれば、例えば、東日本大震災の被災者と阪神淡路大震災の被災者のように、時や場所は異なるけれども地震という体験としては同じことを経験した人同士ということもあります。また、直接の原因は異なっても、経験としては同じということもあります。例えば、ある人は「民族」を理由に、別の人は「障害」を理由にと、その理由は異なっても差別という経験を共有している場合、「差別の経験」という視点からは両者はピアと言えるでしょう。身近かな例では、お母さん同士が子育ての情報を共有するような「ママ友」なども、ピアの関係をもとにしていると言えるでしょう。東日本大震災のときに、避難所での着替えスペースの必要性や乳幼児のいる被災者向けの支援など、被災者がどういうことで具体的に困っていて何が必要かを一番わかっていたのは、行政の人たちではなく新潟や阪神淡路の震災を経験していたボランティアだったという話もあります。

このピアという概念やその可能性については、近年徐々に着目されてきています。その理由は、経験を共有していることによって、相手の気持ちや必要と思うことがよりよく理解できること、また経験を基礎に両者の間により強い共感をもった関係性が形成できること、ということがボランティアなどの介入の際に大事な要素として認識されてきているからです。特に後者の「共感」という関係性やプロセスがもたらす影響については、それ自体がボランティアのもつ「チカラ・能力」としても認識され始めています。この共感とピア・ボランティアの関係についてはⅣ章でもう一度考えてみます。

では、逆にピアではないものということはどうでしょうか。鍵となるのは、その人の「属性」ではなく、やはり「体験の共有」だと言えます。例えば、同じ女性という属性であったとしても、日本で裕福な家庭に育つ十代の未婚の大学生の女性と、アフリカの最貧国で五人の子どもをもつ農村の貧困家庭の母親は、共に属性としては同じ女性でしょうが、その体験・経験は異なるでしょう。もちろん女性としての体験の中での性差別など共通する経験もあると思います。しかし、貧困や差別、血縁や地域社会のつながりといった経験は、同じ村の男性とのほうが共有している部分が大きいかもしれません。ピアという概念は、性や民族、障害の有無などといった単なるその人の属性の共通性によってではなく、体験の共有とそれをもとにした共感という関係性を構築できるかどうか、という主観的な感性によってのみ判断できるものなのかもしれません。

ボランティア

ボランティアについては多くの本が出ていますし、その可能性や課題にはついても議論がなされています。それらの中でも比較的共通している「ボランティアとは何か?」の答えとしては、ボランティア四原則と言われるものがあります。それは「自発性」「社会性」「無償性」そして「創造性」です。

「自発性」とは自主性や主体性とも言われますが、自分自身で始めることで、義務や強制であることではない、ということです。例えば「街を清掃する」という行為も、自らが進んで行えばボランティアですし、それを刑罰の一手段として強制的に行わせていればそれはボランティアではありません。以前、「学校の授業の一環で生徒に強制的にボランティア活動をさせる」という議論がありましたが、どうでしょう。この「自発性」の点から見ると、このような活動は社会奉仕や勤労奉仕かもしれませんが、果たしてボランティアと呼べるでしょうか。

次に、「社会性」ですが、これは公共・公益性とも言われます。これは簡単に言えば、「自己満足の反対」という言い方もできるでしょう。つまり、自分のためにするのではなく、他者や社会に益することを「第一の目的とする」ということです。ここで大事なのは、単に行為の結果が社会に益すること、ということだけではなく、それが「第一の目的である」という点です。他者や社会の想いや必要性を考慮しないで勝手に「自分のできる社会貢献」という思いからだけ行動し、「自己満足」に終わっているボランティア活動が少なくないのも事実です。

さて次は「無償性」ですが、これはちょっと難しい原則です。これは「無給性」とも言われます。簡単に言えば無償で労働や技術、知識や時間を提供するということです。つまり、「自分が提供することに対して対価を求めない」ということです。提供することに対して市場価値と同等の対価を求めれば、それは通常の労働と変わりありません。ただ、ここで言う無償とは単に金銭的なものだけを指しているわけではありません。金銭は要らなくとも名誉や社会的地位などがもらえることが大事で、それをボランティアの第一の動機とするならば、それはやはりこの原則から見れば問題でしょう。この部分は単にそういうお金の授受だけからは見えてこないもの、つまりボランティア本人が「何を第一の目的と考えているか」にあると言えます。例えば、ＪＩＣＡ（独立行政法人国際協力機構）のボランティアは、月三‐五万円程度の最低限の生活費は支給されています。この額は、その人の仕事が医師だろうが村落開発だろうが住む国によって同じです。学歴も年齢もまったく関係なく一律です。それはこれが労働に対する対価ではなく、途上国でボランティア活動をするために最低限必要な生活保障だからです。

最後は「創造性」です。これは「先駆性」とも言われますが、これはその状況下において柔軟な発想によって課題を解決するチカラとも言えるでしょう。これは「ブレークスルー(breakthrough)思考」と「前提条件思考」という二つの考え方の対比で見るとわかりやすいかもしれません。前提条件思考とは、「XをするにはAとBという条件がなくてはいけない」と考えるものです。例えば、ご飯を炊くには鍋とガスコンロがなくてはできない、と鍋とガスコンロを必要条件と考えていると、それがないところではご飯は炊けません。これが前提条件思考です。でも、ご飯を炊くという目標をその状況で達成することを考えて、そこに転がっているドラム缶を切って綺麗に洗い、転がっている材木を集めてかまどを作ればご飯はそれでも炊けるでしょう。「これがないとできない」と考えずに、「どうすればこの状況でできるだろう」と考えて課題を解決していくことがブレークスルー思考です。ボランティア活動が求められる場は、震災後や途上国など完璧な条件がそろっているとは限らない環境です。その状況下で対応していく力量があるかどうかもボランティアの重要な要素なのです。

ボランティアとは、濃淡こそあれ、この四つの要素が入った行為であり、「何を」するか、よりも「なぜ、どのように」するか、によって決まってくると言えます。

ピア・ボランティア

「ピア・ボランティア（Peer Volunteer）」は、まだ辞書にもあまり出てこない新しい言葉です。一言で説明するならば、「ピア」と「ボランティア」の概念の二つを併せもった人、つまり「同じ経験をもつボランティア」がピア・ボランティアと言えるでしょう。具体的な例からその意味を考えてみましょう。

アメリカなどでは、病院で同じ病気を経験した人で新しくその病気になった人の話を聞いたり相談を受けたりしている人、学校の在校生で新入生に対して学校生活についてのガイダンスや学校案内をしたり相談にのったりしている人、家庭内暴力の被害者や薬物・アルコール依存などを経験しそれを解決していった人で今現在その問題に直面している人の相談にのったり必要な手伝いを提供している人、また、同じような震災を経験した人で震災時の支援活動をしている人、このような人たちを指してピア・ボランティアという言葉が使われています。日本でもこのような人や活動を指してピア・ボランティアやピア・サポートという言葉が使われ始めています。

でも、ここでちょっと立ち止まって考えたいのは、この説明だと、「そうか、ピア・ボランティアとは同じような経験をした人同士の助け合いなのだ」という理解になることです。この理解はもちろん間違いではないと思います。しかし、ピア・ボランティアの活動やその経験から私たちが導き出すことができる学びや実践は、果たして自助活動とかセルフ・ヘルプ（Self-help）

というような仲間同士の助け合いという閉じられた環に留まるものなのでしょうか。それとも、それを超える可能性をもっているのでしょうか。私は、きっかけは助け合いであったとしても、そこから生み出されるものは、その環を超えて影響を及ぼすものとなると考えています。

国際協力とJICAボランティア

国際協力というと、どんなイメージを思い浮かべるでしょうか。アフリカの草原で現地の人と一緒に汗を流しながら井戸を掘ったり学校を建てたりというものでしょうか。では、開発援助というとどうでしょう。途上国へお金や資金を提供したり、大規模なダム建設を支援したりというようなものでしょうか。どちらの言葉も途上国への支援を指し示すときに使われるのですが、「国際協力」と「開発援助」とでは、そこから生み出されるイメージが少し違うことが多いようです。これはその言葉に含まれている言葉、「協力」と「援助」、の違いから生じているのかもしれません。

この国際協力という取り組みのなかで、日本の政府開発援助（ODA）の中心を担っているのが独立行政法人国際協力機構（Japan International Cooperation Agency: JICA）です。JICAは専門家の派遣やプロジェクトの実施、また日本での研修の実施などによる「技術協力」、途上国の開発事業実施のための「資金協力」、また災害時の国際緊急援助隊の派遣などを行っています。JICAは「すべての人々が恩恵を受けるダイナミックな開発（Inclusive and Dynamic

Development)」を進めることを目標に掲げています。この目標の中に、この本のテーマとしても重要なInclusive（インクルーシブ）という言葉があります。辞書では「包摂」などと訳されますが、Exclusive（エクスクルーシブ）の反対、つまり「排除しない・されない」という意味で、どんな理由があろうとも開発の過程やその結果から排除される人が出ないことを目指すという決意表明です。これは単に途上国の人だけにあてはまるのではなく、協力する側にもあてはまるわけで、実はそれが日本の障害者自身がボランティアとなるという形の実現にもつながっているのです。二〇〇八年に発効となった国連障害者の権利条約の影響もあり、日本でも「インクルーシブな社会」という言い方や考え方も増えてきたように思います。

このＪＩＣＡの事業の柱の一つがボランティア派遣事業で、一九六五年にラオスに派遣されたのを皮切りに、現在まで、九八カ国に四万二八八四名が派遣されています（日系社会青年・シニアボランティアを含む）。従来は二〇歳から三九歳までを対象とした青年海外協力隊だけでしたが、一九九〇年からは四〇歳から六九歳までを対象にしたシニア海外ボランティア制度も始まっています。通常は二年間の派遣ですが、現地からの要請にタイムリーに応えるために、通常の派遣とは別枠で短期間の派遣をする形態も増えています。途上国の政府機関や民間団体などに派遣され、ボランティアがもっている技術や知識を生かしながら現地の人々と一緒に活動しています。ＪＩＣＡのボランティアは完全無償で現地に行っているわけではありません。途上国への渡航費用や現地での最低限の生活費などはＪＩＣＡから支給されます。これをもってＪＩＣＡのボランティアはボランティアではないという議論も一部にはありますが、ボランティアの無償性をめぐっては先に議論したとおりで、この点の判断は皆さんに委ねたいと思います。JICAボランティアと似たような事業は他の国々にもあり、アメリカにはピース・コーが、イギリスにはボランティア・サービス・オーバーシーズがあり、韓国でも日本のJICAに相当するコイカ（KOICA）という組織がコリア・オーバーシーズ・ボランティアという事業でボランティアを海外に派遣しています。途上国では日本のJICAボランティアとこれらの国々のボランティアが協力して活動している場面もあります。

さて、この本を読み進んでいく上での大事な言葉について、少し理解は深まったでしょうか。最後に、本書を読み進めていくときに皆さんの頭の片隅にどうしても置いておいてほしい言葉・考え方があります。それは、「Nothing about us, without us（私たち抜きに、私たちのことを決めるな）」という言葉です。すごくチカラ強い、インパクトのある言葉だとは思いませんか。これはこの三〇年ほど障害者運動の重要なスローガンとして使われてきたもので、障害者運動の実践と理論的支柱を示しています。

この考え方は「当事者主体」という言い方でも説明されています。これは今まで専門家や行政や親がその枠・権限を超えて、障害者の生活そのものさえも決定してきたことに対して、「自分たちのことは自分たちが決めていく」という自己決定の重要性とそれに向けて行動する姿勢を障害者自身が示したものです。この考え方が具体的に行動された一例は、国連障害者の権利条約策定の過程です。策定のための特別委員会では、障害者自身が各国政府代表団の一員になったり、障害当事者団体の発言が公式に許されたりと、今までの国連の条約策定では考えられない過程を経て条約が策定されました。また、この過程では「どの障害（者）も切り捨てない」という連帯の下、形式的ではない本当の当事者参画による粘り強い交渉と協議がなされました。

これは障害者だけのことではなく、女性や少数民族、途上国の人々などが、外からやってきた役人やコンサルタントに「あなたたちの問題はこれだ。だからこうしなさい」と言われてきたことに対して、自分たちのことは自分たちで決めると立ち上がってきた歴史とも重なります。そしてもう一つ、このスローガンに隠されている重要なことは、「私」ではなく「私たち」という連帯の表明でもある点です。当事者や主体ということについてはⅣ章でもう一度振り返るつもりですが、この「当事者主体」という認識の前で、「問題」に介入しようとするボランティアはどう活動することができるのでしょうか。次章の九人の挑戦から私たちはそのヒントを学ぶことができると思います。

久野研二

11章

ピア・ボランティアの挑戦

この章は、ＪＩＣＡボランティアとして国際協力に挑戦した九人の障害者の活動の記録です。曽田さんは原稿依頼時点では、まだ派遣前でした。彼女がＪＩＣＡ職員を休職してボランティアに応募するに至った経緯や思いは、ピア・ボランティアの意義を考える上で、大事な問いを私たちに与えてくれると思い、執筆をお願いしました。

○×国はこうだった、何をした、ということではなく、ピアという視点から、自分を、相手を、そして、両者の間にあったものが何だったのかを振り返り、問い直した記録です。

1

ピア・ボランティアから
ピア・カウンセラーに

笠羽美穂

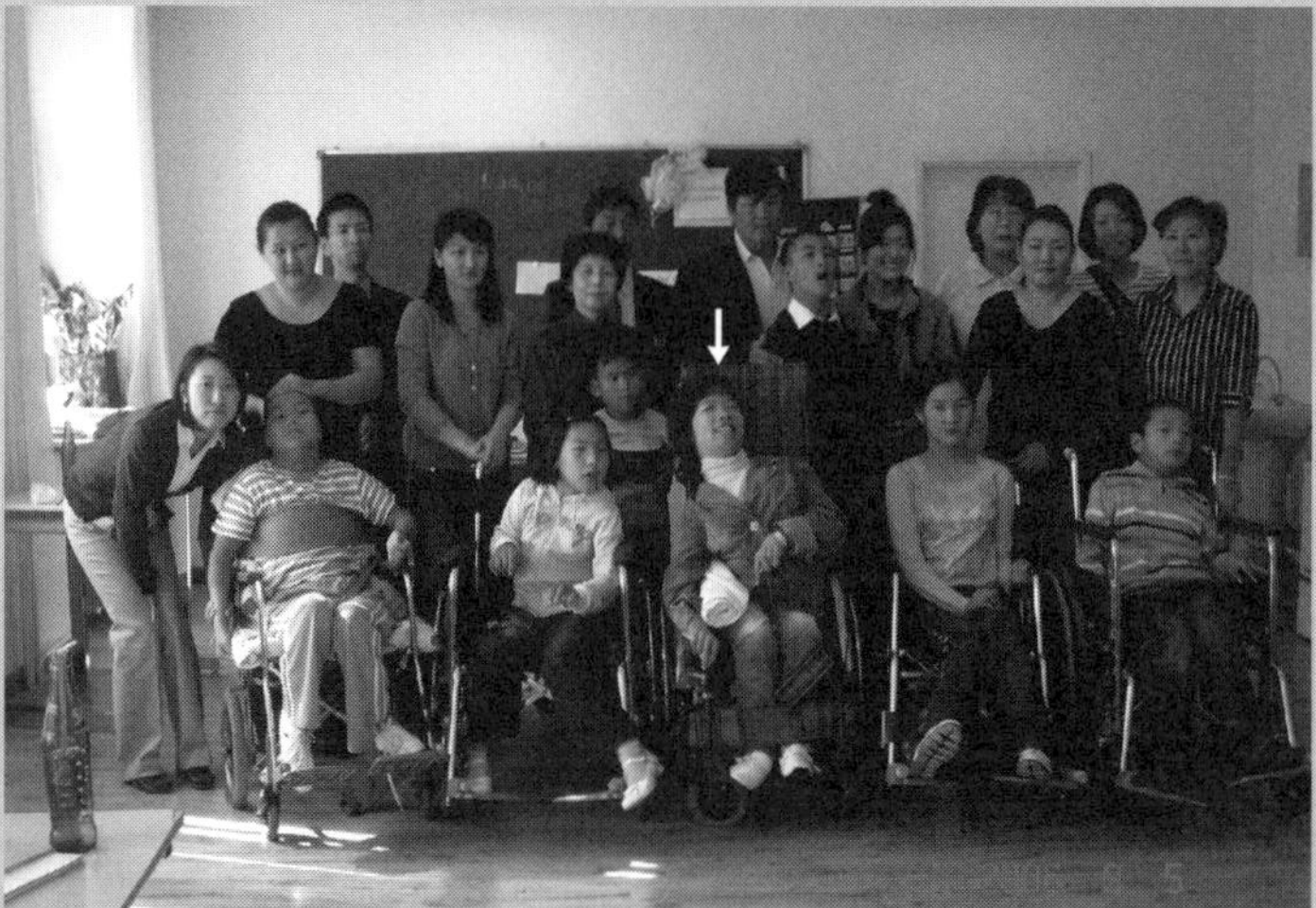

障害児を受け入れている、ウランバートルにある第25学校

〝違い〟は個性

私は七カ月、体重九六〇gの未熟児で生まれました。手足に運動機能のマヒが残り、以後車いす生活を送っています。二十年間、〝障害者であること〟を認められず、認めたくないとも思っていました。でも、その理由は定かではないのですが、社会人になり〝違い〟は個性であると気づいたのです。そして、電動車いすを使用しているのは行動する範囲を広げるためなのに、企業の面接に挑戦しようと思うと見た目で不合格、というような社会で生きていることにも、息苦しさを感じるようになりました。高校生のときに、「海外で生活をしたら視野が広がるのではないか」と留学を夢見ていたことも思い出していました。

ボランティアのきっかけ、デンマーク留学

二〇〇六年一月、恩師の紹介とたくさんの方の支援で、デンマークへ半年間留学をすることになりました。留学先であるエグモント・ホイスコーレンは、障害者と非障害者が共に生活をする学校で、障害の有無や程度にかかわらず、障害者も非障害者も同じ空間にいることができるのです。この留学から学んだことの一つは、自己決定の大切さでした。それは、周囲に流されることなく、自分は何がしたいのか？　どうしていきたいか？　ということを常に自分自身が考えそして行動するということです。それには、その自分の思いを言葉にしなければ何も始まらない、と

いうことにも気づかされました。もう一つ学んだことは「自立」ということです。自分の生き方を自分で考え行動し、それに対して責任をもつ、という意味の自立です。

日本に帰国後気づいたことは、日本人は親切で、障害者が頼む前に先回りをして手助けしてくれることが多いことです。この助けるという気持ちや文化はとても大事で、共生社会の重要な基礎だと思います。その基礎の上に、察して行動する前に私たちに「何かお手伝いすることはありますか」と一言声をかけるということが加われば、日本は、障害があっても共に楽しく暮らせる社会になるのではないかと思います。

このデンマークへの留学をきっかけとして、私は、私が学んだ自己決定の大切さや本当の意味の自立ということを、他の障害者や地域の人たちに問いかけながら発信していきたいという想いを強くもつようになり、そういう活動ができるボランティアをしたいとも思うようになっていました。

モンゴルでのボランティア活動――言葉と対話の力の発見

デンマーク留学から帰国後まもなく、モンゴルで障害児の家族や大学生を対象にした「障害者セミナー」を実施するためのボランティアをＪＩＣＡが募集していることを知りました。自分が学び気づいたことを発信していきたいと思っていた私は迷わず応募し、合格し派遣となりました。

赴任前、現地の協力隊員などから情報を得つつ、活動の準備を始めました。モンゴルの教育や社会福祉の状況は日本と比べるとかなり遅れていること、就学や就労している障害者もまだまだ少ないこと、また、障害者に対する差別や偏見も根強いことなどもわかりました。そういう状況に対して、私に何ができるのか、何が伝えられるかを一生懸命考えました。そして決めたのは、制度やサービスといった話ではなく、自分自身の生い立ちや生活の様子など、障害や〝違い〟と向き合いながら生きてきた自分自身の話をする、ということです。でもそれは、こちらが一方的に語る講義ではなく、自分の話をきっかけに、参加してくれている家族や大学生と質疑応答という形で対話をしながら進める方法でやってみようと決めました。

九月にモンゴルに赴任するにあたってもっていた印象は、発展途上国なので小学校で使う文房具等がどれも小さく、一人ひとりにきちんと行き渡っているのか心配になったり、障害者は家に閉じ込められていて外出させないと聞いていたために、周囲の人たちは私のような障害者に対して関心がなく、冷たい視線で見るのではないか、といった貧しい印象でした。

現地では首都のウランバートルを含めて一四回のセミナーを、障害児が通っている小学校や幼稚園、社会福祉が学べるコースがある大学などを会場として開催しました。

そんななかで私がとても考えさせられたのは、私の配属先である第十治療幼稚園でのセミナーで、質疑応答の際に障害児の父親が話してくれた体験です。それは、その人が友人の家へ子どもを連れて遊びに行ったとき、友人やその家族から変な目で見られ、それ以来、その友人の家へは子どもを連れて行っていないこと、そして、子どもを人目から避けるために外出させていないという話でした。その人にとっては、他人にではなく自分の友人に子どもを偏見の目で見られたことがショックだったのでしょう。でも、私が自分の体験から思うのは、周囲に自分の子どもの障害を知られることが嫌だと思っているのは父母のほうであって、子ども自身は友達が周りにいて嬉しいなぁと思っているかもしれないし、家の中だけではなく、普段とは違った場所に行くことができて嬉しいと思っているかもしれません。子どもの本当の気持ちに両親は気づいていないのかもしれないとも思えたし、子どもの生活が親によって決められてしまっているということも改めて感じました。

私は、障害児が家の中に閉じ込められずに、友達と接する喜びや外に出て活動できる喜びを得るためは、障害児の親自身がそういうことの大切さを理解し挑戦していくことが必要だと考え、自

第10治療幼稚園

分自身が学生時代にイジメを受けて当時は生きていくことさえも辛く思えた体験や、でもそれを乗り越えたことで、今はたくさんの夢や希望をもって暮らしていることをその人に伝えました。また、そういうことは一人では大変かもしれないけれど、障害児を育てている家族が一緒になっていけばできること、そういう親たちのための「話し合う場」をつくっていくことも一つの方法であることなども話し合いました。

また、セミナーでは、自分が受けてきた教育や学校での体験を語り、そして、高校卒業後の進路についても語りました。

私の中で、高校を卒業したらこれまでお世話になってきた両親に親孝行をしたい、という想いがありました。当初、私が考える親孝行というのは企業へ就職し、非障害者と同等の金額を稼いで生活費として使えるようにして、生活を楽にさせる

セミナーでの講演

ことでした。

このことが私の将来の夢になっていました。気持ちの上では、たくさん働きたいと思っていましたが、手足の障害が大きな壁となり、気持ちと身体がついていかず苛立ちを感じていました。もがき苦しんだ私は、希望や夢に対して自分の考え方を変えてみることにしました。

それは、障害があることを理由にこれができない、あれしかできないと自分で思いこみ、希望や夢の選択肢を狭めるのではなく、逆にどのようにすれば広げていけるのか、その方法を考えるようになりました。質疑応答のときには、自分の障害を理由にして希望や夢をもつことができない、諦めてしまうと語る参加者もいました。

その時私は、自分の障害でもできる仕事、この障害があるからこそできる仕事を考えていくことが大切だと思うと伝えました。自分の可能性について広げていくには、どのようにしていったらよいかということがセミナーの参加者と考えたかったことであり、伝えたかったことです。

その中で、自分の可能性を広げていく方法の一つに、私は、「自分の周りにいる人たちの心を元気にさせてあげたい」という想いがあることを伝えました。そして、そのために「カウンセラーになりたい」という自分の夢を語りました。すると、参加者の一人が質疑応答のときに「今こうして私たちと一緒に話し合ってくれたことで、私も元気になれた。だから、あなたはもうすでにカウンセラーになっているよ」と言ってくれました。

このモンゴルでのボランティアの経験は、対話の力を改めて発見する体験で、私はカウンセ

広い草原で乗馬

在モンゴル日本大使と

ラーになるという私の夢をより一層強くしました。

モンゴルから帰り、カウンセラーを目指す

モンゴルから帰国後、私はカウンセラーになりたいという夢に向かって本格的に学び始めました。

しかし、両親は当初大反対でした。母は「あら〜、手足の不自由なあなたがカウンセラーなんて、本当にできるのかしらね」と言い、父は「美穂がカウンセラーになっても相談者なんて一人も来ないよ、少なくともお父さんは美穂には相談しないね」という言葉を口にしたのです。

それはカウンセラーという仕事の大変さを考えての反対というよりも、手足の不自由な娘にできる仕事ではないと、私の夢を諦めさせる発言だと感じ取れました。私はショックで、言い返す言葉もすぐには見つかりませんでした。

しかし、三〇分ほどして父にカウンセラーの仕事について問いかけてみました。「カウンセラーって、どんな仕事をすると思う?」と問いかけたところ、父からの返答は「心の問題を解決することが仕事だろう?」というものでした。

「確かに、心の問題を解決することも大切な仕事だと思う。しかし、そのことだけがカウンセラーの仕事ではないと思う。私は周囲の人との人間関係に悩んだとき、良くなる方法を一緒に考えたり、職場の雰囲気を変えていけることもカウンセラーとして大切な役割の一つだと考えてい

る」と両親に伝えたところ、共感してくれて応援してくれるようになり、カウンセラーを目指すことになりました。

カウンセリングを学ぶなかで、相談者の存在の受容や感情を受け止めることの大事さ、能動的聴き方などの技術も学んでいきました。そのなかで、私がカウンセラーとして相談者の感情に寄り添い共感することができるようになるためには「自分自身を知ること」もとても大切であることに気づかされました。

そして、私は身体障害者施設でピア・カウンセラーとしての仕事をさせてもらう機会をいただくことができました。自分が何を本当にしたいのかを考え、それを決心し、言葉にし、伝え、そのための行動を起こすことで、私の夢はカタチになりました。夢であったピア・カウンセラーの仕事を始めて一年になろうとしています。毎日の仕事のなかで、一人ひとりの感情に寄り添い、受け止め、共感することが大切であると考えています。

ピア――言葉と対話の力、素晴らしさ

「周りの人の心を元気にしたい」という想いからなったボランティアやカウンセラー。そう思ったのは、自分自身が学生時代にイジメや不登校、登校拒否という苦しかった経験があったからこそだと思います。そして、自分にそういう経験があるから、同じような経験をしている人の苦しみにもより共感できるのだと思います。そういう経験があることは、私にとってはプラスの

ものなのだと思います。共感するというピアの関係の中で、わたしは言葉と対話する力、その素晴らしさを実感しました。これからも言葉と対話によって、一人でも多くの人の心に寄り添い、受け止め、共感していける支援者でありたいと思っています。

笠羽美穂（かさば　みほ）
一九八三年生まれ。体重九六〇gの未熟児で生まれたため、手足にマヒが残り、車いす生活になる。二〇〇六年一月から半年間、デンマークの福祉制度を学ぶためデンマークへ短期留学。二〇〇六年九月に青年海外協力隊員としてモンゴルへ短期派遣。二〇〇八年には社団法人日本青年会議所主催〝人間力大賞〟会頭特別賞を受賞。二〇一〇年七月より、かながわ身体障害者福祉ネットワークのピア・カウンセラーとして活動。現在、株式会社アイ・ディアヒューマンサポートサービスにて、アシスタントカウンセラーとして活動中。

2

目標を共有するピアの重要性
——シリアでのCBR活動を通じて——

安原理恵

現地ボランティアと共にボランティア宅で食事

一　JICA短期ボランティアとしての活動

私は二〇〇六年、大学二年の夏に約一カ月間、中東シリアで活動を行いました。現地では、首都ダマスカス近郊の農村で展開されていた障害者の社会参加を促進するプロジェクトに携わりました。

これは半世紀ほど前の日本でも一般的だったことですが、シリアの特に農村部では、障害者を家族にもつことは恥ずべきことだという考えがあり、多くの障害者は教育・就労はおろか、家から出る機会も与えられず、物置小屋のようなところに閉じ込められているという例が少なくありません。それは上記にあげた障害者を家族にもつことへの感情と同時に、障害があると何もできないという考え方が深く根づいているからです。そこで、日本で自立した社会生

ダマスカス市内のモスクにて

活を送る当事者をプロジェクトに派遣することで、そのような意識を少しでも変え、障害者が社会に参加していくことを促進しようとする目的で私は派遣されました。

一カ月の活動で私が実施したのは次のような活動です。

各村での定期的なCBR活動

派遣先では、「地域社会に根ざしたリハビリテーション（Community Based Rehabilitation ＝ CBR）」と言われる活動を推進することにより、障害者の社会参加を促進する活動をしていました。その一環として村では、障害当事者を集めて週一〜二回、二時間程度いろいろな活動が行われていました。私がその中の一つ、女性を対象にしたビーズを使った手芸、つるかご網などの手工芸のクラスに参加したときのことです。

このクラスは、障害をもつ女性が社会参加する場所をつくり、彼女たちの手先の訓練、障害当事者同士が集まる機会をつくるために実施されていたのですが、赴任直後の私はそのクラスの中で何をやってよいかわからず、とりあえず参加者の間に座り、たまに作品を見せてもらう程度でした。しかし、そんなことでは何のためにシリアに来たのかわかりませんし、「やっぱり目が見えないと何もできないのか……」と現地の人々に思われてしまう危険性もあります。

そこで私が考えたのは、とりあえず自分も同じ手工芸をやるということでした。自分にできることを見てもらうことで、視覚に障害があっても、ビーズを使った手芸や編み物、縫い物などが問題なく行えるのだということを少しでも回りの人たちに理解してもらいたい。そして、障害者の可能性に対する意識を少しでも変えてもらうことができればと考えていました。そしてその実践活動は効果抜群！　周囲の様子から大きな意識の変化を実感することができました。

第一歩として、いろいろな作業ができるのだということを理解してもらうことができたので、第二歩目として、私が特別なのではなく、どんな人でも練習をすれば、多くのことができるようになるのだということを理解してもらいたいと感じました。

現地のボランティアを対象とした講義

これはシリアだけではなく万国共通に言えることだと思いますが、人々は障害者のために、多くのことに関して手助けしすぎる傾向があるのではないでしょうか。彼らにしてみれば好意でやっているつもりでも、それにより障害当事者は自ら何かを行う、意見を述べるということがなくなり、自主的な生活をすることが難しくなります。

そこで、障害者の自立を助けるためにもっとも重要なことは、回りの人間が、個々の可能性・能力をきちんと理解し、適切な支援の方法をもって接することであると考えていた私は、シリアでの経験を通して、各村での活動を支援している現地ボランティアを対象に講義をしました。

例えば、私が手を洗う際、多くの現地ボランティアが私の袖をまくり上げ、蛇口をひねり、石けんを手渡し、手をごしごしと擦り、タオルを手渡してくれていました。しかし、実際のところ、物がある場所さえ口頭で教えてもらえれば、私にはそれで十分なのです。このような例をいくつか取り上げ、どんな手助けが行われ、それがなぜ適切ではないのか、実際はどうすることがより適切なのかということを、詳しく説明しました。

私は腕まくりの方法、蛇口のひねり方などを知っていますので、このような助けがあっても、私の生活動作での自立を妨げることにはなりません。しかし、これらの方法を知らない障害者にこのような手助けが繰り返されたら、彼らはずっとこれらをできないまま過ごすことになり、社会生活や自立への道が開けなくなります。

講義の前後では、現地ボランティアの意識や行動は大きく変わり、手取り足取り手助けをすることがなくなっただけではなく、説明したと

現地ボランティアを対象とした講義

おりの方法でサポートしてくれるようになりました。

何ができて何ができないかというのは障害の程度やそれまでの生活、経験によって大きく異なります。このことを念頭に置きつつ、村でのCBR活動を実施してもらえればと思いました。

訪問活動

訪問活動とは、現地ボランティアを中心にJICAのプロジェクト専門家や協力隊員が村の障害者の家を訪ねて、訓練を行ったり、家族などと話をして彼らの社会参加を促したりする活動です。家に隔離されてしまっている障害者が多い地域では、特に大切なプログラムの一つなのです。私も何回か同行しましたが、いろいろな例がありました。家の外に出ることはなくても家族がきちんと世話をしている家庭、外出な

視覚障害のある女性宅を訪問

どはもってのほかで、物置のようなところに一日中一人で放置されているような例、野外のテントの中に地面に毛布だけを引いて寝かされている例など、自分自身が日本で置かれている状況などと考え合わせて、大きな衝撃を受けることが多くありました。

このような非人間的な扱いを受けている障害者がいる反面、一般レベルの教育を受けて仕事をもっている障害者もいました。何がこのような違いをもたらすのかということを一度、現地ボランティアでもあり障害当事者でもある女性に尋ねたことがありました。彼女の答えは、「やはり家族がどこまで理解し、支援してくれるかということが大きく左右する」ということでした。初めて訪ねる家では、熟練した専門家が話をしてもなかなか理解してもらえないこともあり、とても時間と根気の必要な仕事ですが、家族などの理解を得て、障害者の新しい可能性を見いだしてもらうためには、重要な活動です。

日常生活の共有を通して

活動の合間を縫って、多くの現地ボランティアの家を訪ねる機会がありました（扉写真）。初めは、ただ食事や少しおしゃべりをしに行くだけでしたが、徐々に宿泊もさせてもらうようになりました。せっかく長い期間生活を共にするのだから、この期間にも何かできないかと考え、できるだけ多く自分にできることを見てもらうことにしました。

食事時におじゃました家では、準備を手伝わせてもらったのですが、私がナイフを使って野菜の皮をむいたり切ったりするのを見て、皆がとても驚いていました。またそのように意図的に何かを行わなくても、ただスプーンを使って食べたり、一人で家の中を歩いたり、自分の荷物を整理したりするだけでも周囲は大騒ぎでした。視覚障害当事者にとっては何でもない日常動作ですが、プロジェクトに関わっているボランティアでさえ、まったく見えない人がそのような活動を行えることは驚きだったようです。

しかし回数を重ねて行くうちに、そんな私の日常は驚くことではなくごく自然なことなのだと多くの人たちが感じてくれるようになっていきました。教室内の活動ではなくより日常的な生活の中での関わりが、多くの現地ボランティアの中で障害者の可能性に対する意識を大きく変えることにつながったのではないかと感じました。

二　シリアでの経験が私に考えさせたこと

この活動期間中のいつごろからか、ある感情が私の中でとても強くなっていました。それは「こんなの平等じゃない！」というものでした。

私は日本に生まれ、日本で育った一障害者です。そして私が活動を通じて出会ったのは、その生まれた場所、育った場所が異なるだけの同じく何らかの障害をもつ人たちでした。場所が、国が違うだけなのに、なぜ私とこの人たちの生活の間にはこんなに大きな差ができてしまうんだろう。私は日本で教育の機会をきちんと与えられ、友達と余暇を楽しみ、海外旅行に出かけたりすることができます。それは特に強制されたりするものではなく、私が多くの選択肢の中から、自分の意思で選び進んできた道です。しかし、私がシリアで出会った多くの障害者たちは、何かを選択することはほとんどできず、何か自分にもできること、選択肢があることを知らずに時が過ぎてしまっている人も多くいると感じました。

こんなの平等じゃない。許されない。この状況を変えるために何かしなければ。そう強く感じつつ、私の一カ月間の活動は終了しました。

三　今、シリアでの活動を振り返って

このシリアでの経験を今「ピア」という視点で振り返って強く思うことは、自分を「する側」や「何かを与える人」という立場に置いていたということ、私は現地の障害者とピアではなかったのではないかということです。上記でも述べているように、私はシリアで複数の障害者に会い、彼らが置かれている状況を見て「こんなの平等じゃない！」と強い衝撃を受けました。そしてこれを変えるために何かしたい、しなければと思ったわけですが、自分が置かれている立場と彼ら

が置かれていた状況を対比し、私にはあって彼らにはないものがすごく多い、わかりやすく書けば、こんなに選択肢がないなんてかわいそう、何かしなければという思いで彼らに接していました。

日常的に、障害者だからかわいそうだとか、できること・可能なことが少ないという視点で見られたり対処されたりすることを私は時々経験します。そしてそのように対応されることをとても嫌がっているにもかかわらず、シリアの障害者に対して、私はそのようなアプローチをしていたのです。

一方で、現地のボランティアとは、障害者が置かれている環境を変えたいという共通の目的をもち、そのために何ができるかなどを共に模索していました。

当事者同士であるからこそわかること、ピアであればこそできることがあるということがよく言われます。確かにそういうこともあるでしょう。実際、最近まで私自身、立場上の共通点があればより身近に感じられるからこそできることがあると信じ込んでいました。しかし、ただ障害者として物理的な共通点をもっているだけでは、「ピアであればこそできること」を達成することは難しいこともあるのではと思います。

ではどういう意味でピアであることが必要なのでしょうか。

シリアでの経験を通じて私がたどり着いたのは、「目標を共有するピアであることの重要性」ということです。私は障害当事者であり、障害者という点でピアである障害者の社会参加を促進するプロジェクトに果たせる役割があるということで派遣されました。確かに、シリアでの活動において、障害者同士ということで現地の障害者と私はピアと言える関係だったのでしょう。

現地の障害者自身も自分たちを取り巻く環境について様々に思うこと、描く未来像などあったはずです。しかし、私は彼らとそのような考えや目標の共有ができていなかったため、ピアとして活動することなく終わってしまったと感じています。そして無意識のうちに、彼らは私にとってこちらから働きかけ何かをしてあげる相手という認識をもってしまっていたようです。

障害者ということでは共通点をもっていましたが、活動に対する思い、問題意識、向かって行きたい方向性などで共通点を見出せなかった私は、現地の障害者とピアになることなく、そうなる努力をしないまま活動し、帰国してしまったのだと思います。

それに比べて、現地のボランティアとは多くの目標を共有し活動できていたことからこのように思うのです。

四　目標を共有するピアとしての活動を目指して

最後に、このシリアでの経験を生かして、私には何ができるだろうかと考えた結果、今目標にしていることをお伝えしたいと思います。それは「視覚障害者の就労状況の向上」です。これは、大学卒業後約三年間、企業で働くなかで徐々に形成されてきたものです。

現在、日本では法定雇用率という障害者の雇用を一定以上の規模の企業に求める制度があるため、就労の機会はかなり拡大されつつあります。しかし、就職した障害者が皆充実した業務環境にあるかというと、それはまだまだ改善の余地がある領域です。

私も就職以前に友人などから具体的な業務・社内での様子を聞き知っていましたが、実際に自分が仕事をするようになって初めて、就職後の問題を強く実感しました。それは障害者自身の能力開発や職業訓練により解決できる問題もあれば、周囲の理解や障害者雇用に対する考え方の変化で解決できる問題など、様々なものがあるように感じています。働き始めて一定期間が過ぎた今は、周囲の協力や理解、自身での新しい知識・スキルの習得のおかげで、私自身は、徐々に遂行する業務の内容や範囲を広げられ、将来についても少しばかりですが、見通しをもって自ら考えられるようになってきました。就職当初には自分でもまったく想像できていなかった状況によい意味で立つことができています。

しかし、周囲から頻繁に聞く視覚障害者を巡る就労環境は、まだまだうまく行かないことも多くあり、また業務における少し先の将来でさえ見通せないという人が多くいます。

私は視覚障害当事者という点で、私が働きかけたいと共に状況を改善したいと思っている人たちとピアであると同時に、同じ問題意識・希望を共有している目標を共有するピアでもあります。これはシリアでの活動、また大学生のとき考えていた様々な活動との大きな相違点です。自らも問題意識をもつ課題に対して、同じ目標を共有しているという点でピアである人たちと協力し、視覚障害者、その後は障害者全般の就労環境をよりよくしていきたいと思っています。

自分が問題の只中にいるからこそ難しいこともあると思いますが、その分、「する - される」という関係ではなく、お互いに協力するという関係が築けるのではないかと考えています。

安原理恵（やすはら　りえ）

二〇〇九年、国際基督教大学教養学部卒業。大学二年の夏（二〇〇六年）、視覚障害当事者ボランティアとして、中東シリアで展開されていた現地障害者の社会参加を促進するプロジェクトにて活動。現在は外資系製薬会社に勤務。

3

ピア・ボランティアとしてのエンパワメント

光岡芳宏

ペトラ遺跡を散策中

「すること」と「されること」

私は一四歳のとき、脊髄腫瘍を摘出するための手術で脊髄を損傷し両下肢麻痺となり、手動車いすを使用して生活するようになりました。その後、医療福祉の大学、大学院へと進学し、ソーシャルワークの勉強のため米国への留学も経験しました。その後、障害者の自立支援を仕事とし、ピア・カウンセリングや自立生活プログラムなどを提供しながら、障害者が施設や親元から自立して地域生活を営むことに携わっています。

これまでの自分自身の経験の中で思うのは、障害者は支援やサービスを「受ける側」としてみなされることが多いということです。支援やサービスを介在する関係の中には、「受ける側」と「与える側」、「する人」と「される人」という二つの対極が存在し、その関係性が時として障害者を抑圧し、障害者が本来もっている力を奪い、覆い隠してしまうことがあると感じています。いわゆる〝健常者〟と呼ばれる非障害者が掲げる「障害者は治療や訓練を受けて回復すべき」という「障害の医療モデル」に基づく関わり方が、障害者が本来もっている強みを逆に奪ってしまっている危険性があるのだと私には思えます。どうすれば障害者が自分自身の力に気づき、その力を発揮し、主体的な生活を送ることができるようになるのか、それを日々の実践を通して考えています。

私がＪＩＣＡボランティアに関わりたいと思ったのには二つの理由があります。一つは単純に、途上国と呼ばれている国の障害者の状況を知り、何かできることをやりたいという自発的なもの、そしてもう一つは、今まで固定化されていた「する－される」という関係が実は可変的なもので、支援する側として派遣された自分自身が、現地で活動することによって何かを受け取る側にもなるのではないかという漠然とした期待があったからです。

ヨルダンでの活動

二〇〇九年の六月に、社会開発省障害者関連評議会に派遣され、そこで、障害者のエンパワメントプログラムに協力しました。ヨルダン国内で六カ所の障害者関連団体を訪問し、自立生活運動に関する講義やピア・カウンセリングについての紹介などを行いました。ピア・カウンセリングとは、障害者同士による心理的サポートの方法で、両者が共に聞き役と話し役になり、感情を表に出すことを通して、自己信頼を回復し、対等な人間関係をつくり、そして社会を変革していくことを目的としています。

私はこの活動で、次の五つを理解し考えてもらうことを通して、参加する障害者のエンパワメントを支援したいと考えました。①日本の障害者の自立生活運動の歴史、②自立生活センターの理念と活動、③ピア・カウンセリングとその有効性、④ヨルダンの障害者運動、そして、⑤ヨルダンでの自立生活の可能性です。この五つの目的はかなり大きなものであるとは思いましたが、限られた時間と自分の能力の中で最大限可能なことをやりたいと考えた末に決めました。とにかく障害をもっていても、車いすを利用していても、地域で生活することができる、それが許される社会があるということを知ってもらうことが最低限の目的だと考えました。

これらのことを伝えるため、ワークショップでは日本の自立生活運動の歴史とピア・カウンセリングの概要(注2)に関するＤＶＤとビデオ(注)を観てもらい、その後に補足説明と質疑応答をする形をとりました。時間が限られていたこともありますが、映像を通して伝えるほうがより理解しやすいとも考えたからです。

では、どういう形でワークショップを進めたか、少し詳しくお話ししたいと思います。ワークショップの最初のテーマとして、まずは一九七〇年代の「青い芝の会」(脳性マヒ者の当事者団体)の運動や、府中療育センター闘争(入所者への非人間的処遇の改善と山間地への移転反対

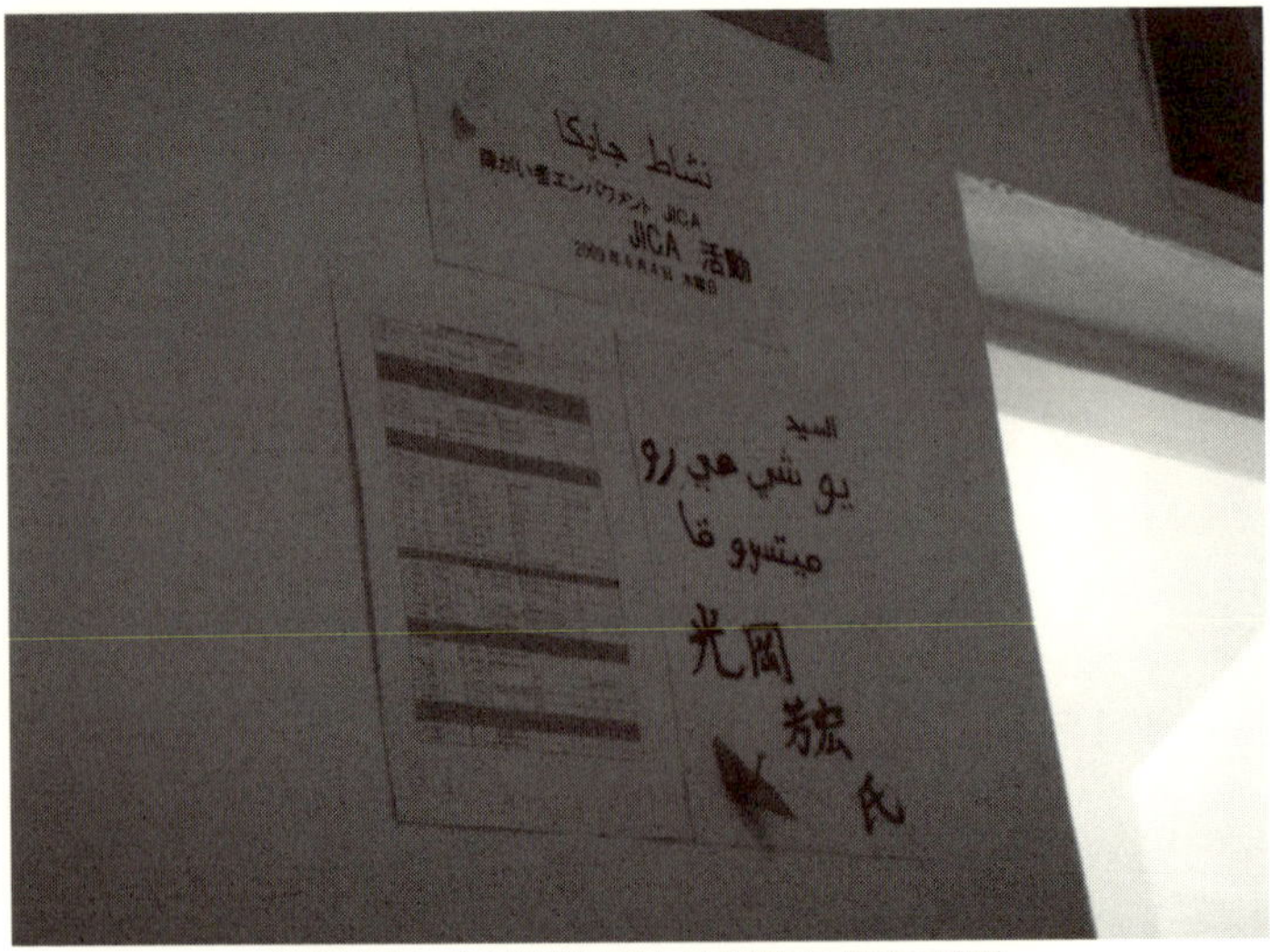

訪問団体からの歓迎を受け、日本語での紹介に感謝

を訴え、一年九カ月にわたって都庁前テントで座り込みを続けた闘争）といった日本の障害者運動について触れ、障害者への偏見や差別に対して、障害当事者自らが声を挙げてきた日本の歴史的事実を共有することからはじめました。これは障害者自身が行動することの大事さをまず理解してほしいと思ったからです。ＤＶＤにある、青い芝の会の脳性マヒの当事者たちが街中で道路に座り込みながらビラをまいている様子や、「バスジャック事件」と称されたアクセス運動の場面を興味をもって見ている姿が印象的でした。

ヨルダンではまだまだ大規模施設での入所が主流であることから、施設ではなく地域で生活することは、障害の種別や程度に関係なく可能であるという点も強調しました。もちろん日本においても、長い時間をかけて障害当事者たちが声を挙げ行動してきたからこそ、社会が変わってきたのであり、そのためには何よりも障害当事者の存在が重要なことを加えて説明しました。

次に「自立」の意味を考えました。一般的に「自立」は、自分の生活費は自分で稼ぐという「経済的自立」や、着替えや食事などの日常の身の周りのことを自分で行う「身辺（的）自立」を意味します。でも、このような自立観で障害者を捉えていたからこそ、いわゆる〝健常者〟社会に適応できない重度の障害者たちは、自立できない価値のない人間というレッテルを貼られ、保護の対象とされ、障害者の意志や考え方とは関係なく、施設や病院での生活を強いられてきました。その結果、障害者自身も自分自身を否定し続けてきたという事実も理解してもらえるように話しました。ですので、障害者の自立や社会参加を考えるには、まずこの「自立」の意味を根本から変えていくことが必要ではないか、そして、新しい自立の意味とは、障害者自身が自己決定をし、生活することであるのではないか、ということを話し合いました。

この「自立生活」の話を聞いたヨルダンの参加者たちの反応は、「身体障害者は可能であるかもしれないが、知的障害者や重複障害者は無理ではないのか」とか「経済的に豊かな日本では可能だがヨルダンでは難しい」など、日本との差を否定的に捉えている意見も多かったのですが、だからこそ「自立生活」を実現させていく挑戦をする価値があるのだとも思います。ヨルダンでは社会運動に対する制限が強く、日本と同じように自立生活運動を進めることは難しいでしょうが、障害者自身が主体となっていくための組織づくりが必要だと感じました。

そして、自立生活センターの理念や活動、また大事な活動の一つであるピア・カウンセリングについての時間を持ちました。ピア・カウンセリングは実際にデモンストレーションで見てもらい、また、参加者にもやってもらうという進め方をしました。ピア・カウンセリングということばを知っている人も多かったのですが、一般的なカウンセリングとの違いを理解していない人も多かったです。特に、ピア・カウンセリングの重要な約束である「助言やアドバイスはしない」に対して、「困っている人に助言をしないのは支援ではない」、「相手が助言を求めてきた場合はどうするのか」と言う人もいました。それに対して、「ピア・カウンセリングはその人の解決する力を信じており、助言をすることは考えることや解決する力を逆に奪ってしまうことになる」という重要な支援の原則を話し合うことで、ピア・カウンセリングとは障害当事者自身が自分の気持ちと向き合い、自信を回復し、自分の力に気づくためのエンパワメントのプロセスであることを皆で考えていきました。

このような内容のワークショップを、東アンマン、イルビッド、ジェラシュ、バカアキャンプ、マアン、カラクの計六カ所で行ったのが私の活動でした。

活動を終えて

今回のワークショップを通して、実際にヨルダンの障害者や障害分野に関わる人たちと自立生活という取り組みを考えていくなかで、改めて自立生活運動のもつ障害者のエンパワメントの可能性を感じる場面がいくつかありました。

東アンマンでは約二五名の参加者があり、多くは女性でした。その中の一人の障害児の母親は、ワークショップの後、これまでの自分の経験や子どもに対する想いを切々と私に語ってくれました。貧困や物資の不足といった、障害の問題ではないところで苦しいことも含め、ヨルダンでの障害者

ピア・カウンセリングの説明を熱心に聞いている

の厳しい現状を教えてくれました。しかし、問題を抱えていることは辛いことではあるけれど、自立生活ということを話し合うなかで、自分のニーズに気づき、そのニーズを満たそうとすることから社会変革が始まっていくことを理解し、暗い表情のなかにも希望の笑みがあったのを今でも思い出します。

イルビッドでは約百人の参加者があり、日本人のボランティアだけではなく韓国のボランティアとも協力して、色々な内容の活動が行われました。その中でもピア・カウンセリングに対しての質問が多く、自立生活運動の核であるピア・カウンセリングへの関心が高いということは、自立生活の本質への興味があるということだとも感じました。

またジェラシュという街では、家族に見放され施設を転々としてきた障害者が自立生活の実

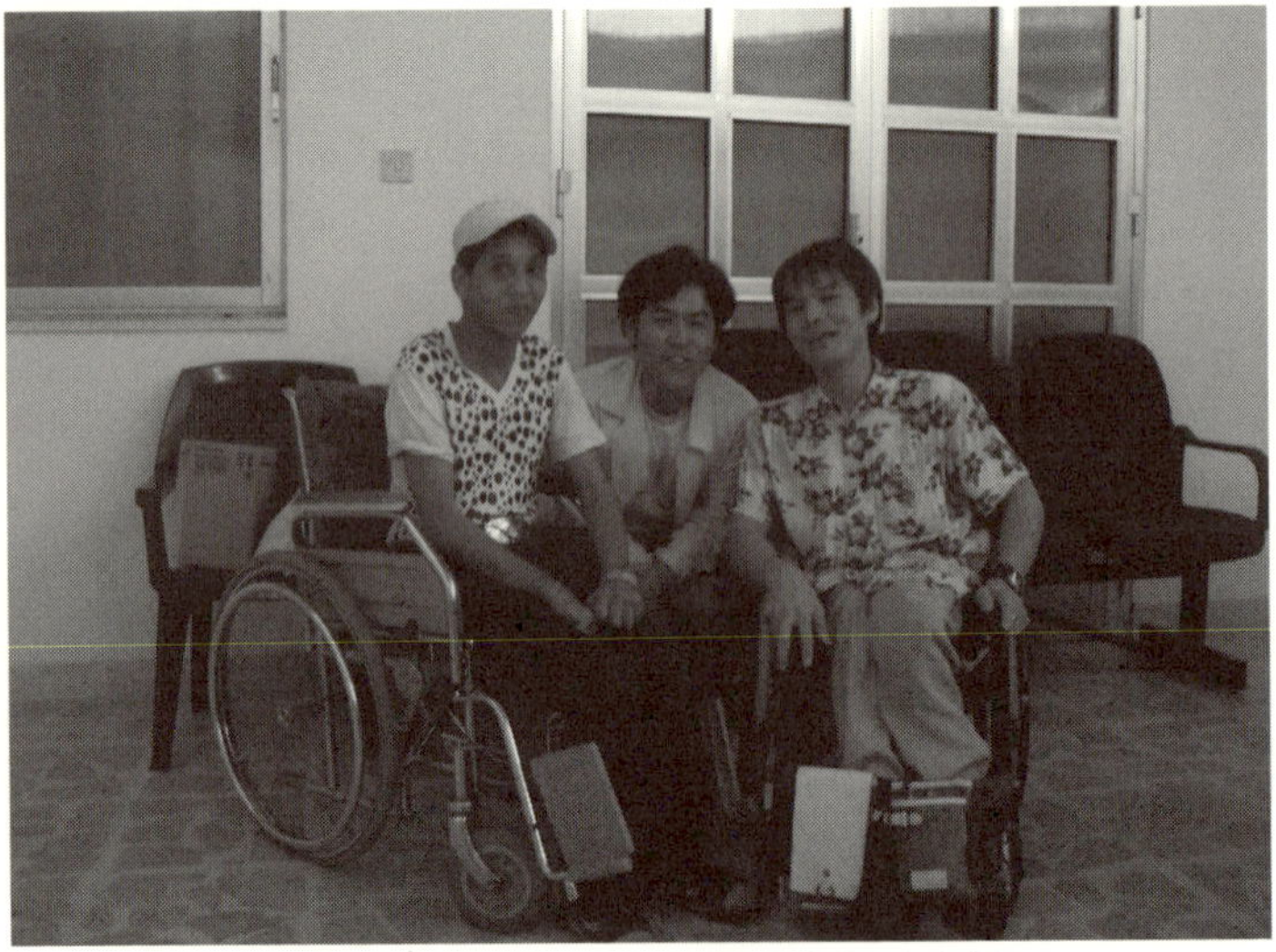

自立生活を実現したいという障害当事者と出会えた

践を強く希望するなど、意欲のある障害当事者に出会うこともできました。

ヨルダンの文化や障害者に対する価値観など、日本と異なる部分は数多くありますが、自立生活への興味、ピア・カウンセリングの可能性は感じているようでした。アクセスや経済的な状況は確かに厳しいですが、参加していた障害者や家族、また関係者の想いは強いと感じます。今回は自立生活という考えや実践の種を蒔いたにすぎず、これが花を咲かせ、実を結ぶか否かは、ヨルダンの障害当事者にかかっていると思います。もちろんそうなったときには、ピアとして支援を行うことが私の役目だとも感じます。

今回の活動の中では、十分な時間をつくることができずに、基本的なことしか伝えることができなかったので、参加者からのコメントを聞

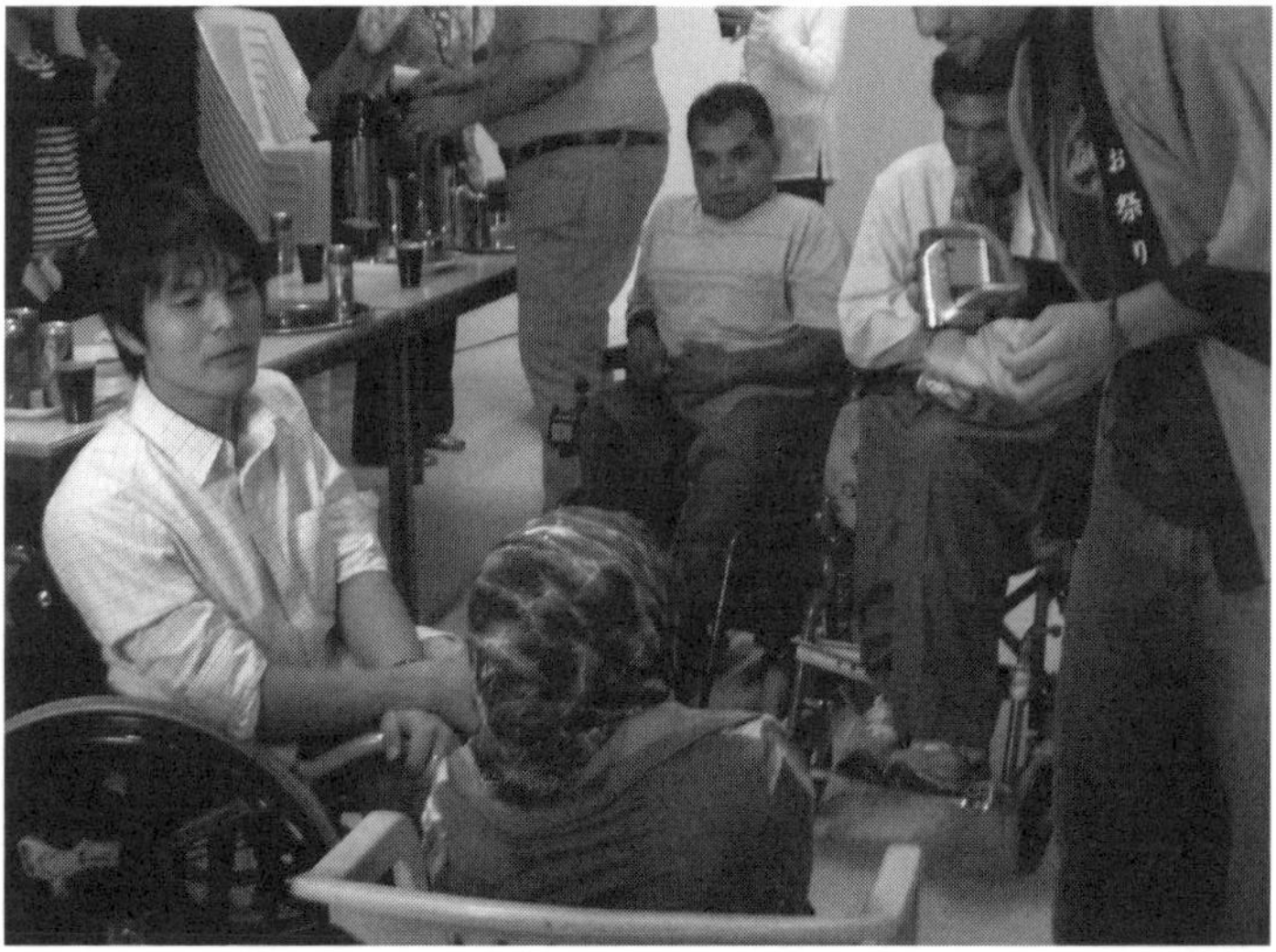

様々なニーズをもっていることを教えていただいた

く時間や、そのコメントについての自分のコメントも十分に行うことができなかった部分もありました。また、ピア・カウンセリングの演習の時間も限られ、場所によっては全員に体験してもらうことができませんでした。ピア・カウンセリングは講義によって理解するよりは、実際に話を聞き合う「セッション」を行って、話を聞いてもらうことの心地よさ、安心感を知ってもらうことから始まります。誰かのための支援ではなく、自分のためのピア・カウンセリングがどんなものなのかを感じてもらうことが不可欠だと思います。そこから、自分もよかったから他の障害者へ伝えたいと思うのであって、障害者から障害者、ピアからピアへ広がること、これが自立生活運動の大きな特徴でもあります。

ピア――「する側-される側」の関係性の交換

今回、ボランティア活動をする上で大事なこととして考えたのは、自立生活運動の理念やピア・カウンセリングの方法などの情報を、できるだけ正確に共有するということでした。情報を共有するというプロセスは、発信する側である私から始まり、ヨルダンの人々は何らかの反応をします。そして向こうからの発信を受けて私は考え、さらに発信する役目を担います。つまり双方がお互いに発信し、反応し、更にそれにまた反応するというプロセスと役割を双方がもつことになります。

それは、ヨルダンの人々から私自身の活動のあり方をも問われるプロセスでした。もしこれが共有というプロセスではなく伝達であったならば、それは単なる価値観の押しつけになり、私から彼らへと一方的に情報を伝えるだけの支援となってしまいます。それは冒頭部分で述べた、ヨルダンの障害者の力を逆に奪ってしまう支援となってしまうのでしょう。

最初に仮定された「する側‐される側」という関係性は、協力という過程のなかで立ち位置を変え、双方が行動することで、その協力はさらに向上していくと思います。ここに障害者として経験してきた差別や生きにくさを共有し合うピアな関係性や、ピア・カウンセリングの手法が加わることによって、相互作用はさらに強化され、より効果的なエンパワメントが行われるのだと思います。

注

DVD『人生を変える　社会を変える　自立生活運動の歴史と役割』全国自立生活センター協議会。

ビデオ『ピア・カウンセリングを知ってもらうために』ヒューマンケア協会。

光岡芳宏（みつおか　よしひろ）

川崎医療福祉大学医療福祉学部卒業、北星学園大学大学院修士課程社会福祉専攻修了、社会福祉士。ダスキン障害者リーダー海外育成事業により、米国シアトルにてソーシャルワークの勉強、ノルウェー・オスロにて現地の障害者支援について研修をした。その後、東京都八王子市の自立生活センター、ヒューマンケア協会にて活動中。

4

「私《わたし》たち」の声《こえ》、広《ひろ》がれ 日本《にほん》で、世界《せかい》で

奈《な》良《ら》﨑《さき》真《ま》弓《ゆみ》

「ユナイテッド・ボイス」のメンバーとマラヤ大学でのワークショップにて

この節《せつ》は奈良崎《ならさき》さん本人《ほんにん》が書《か》いた部分《ぶぶん》と、インタビューをしたものとを合《あ》わせたものです。奈良崎さん自身《じしん》の声《こえ》が皆《みな》さんに直接届《ちょくせつとど》くようこの形《かたち》にしました。本人が書いた部分は【 】に入《い》れる形で、インタビュー部分は質問《しつもん》と回答《かいとう》の形で区別《くべつ》できるようにしています。

一　私《わたし》と「本人活動《ほんにんかつどう》」

私《わたし》

【私は家族《かぞく》四人《にん》と犬《いぬ》一匹《びき》と暮《く》らしています。私は、何《なに》が自立《じりつ》した生活《せいかつ》なのかみつけ出《だ》せていません。時間《じかん》がかかっても答《こた》えが出《で》ることがないでしょう。一人《ひとり》ひとりの自立の意味《いみ》が違《ちが》うためです。日本《にほん》の制度《せいど》や法律《ほうりつ》から勉強《べんきょう》しないといけません。】

——奈良崎《ならさき》さんのこともう少《すこ》し詳《くわ》しく教《おし》えてください。

自分《じぶん》が知的障害《ちてきしょうがい》とわかったのは小学校《しょうがっこう》四年生《ねんせい》のときです。そのとき初《はじ》めて、勉強《べんきょう》ができない理由《りゆう》がわかりました。二番目《にばんめ》の兄《あに》も重度《じゅうど》の障害《しょうがい》だったので、兄のような状態《じょうたい》が障害者《しょうがいしゃ》だと思《おも》っていたので、自分も家族《かぞく》も私が障害者だとはわからなかったのです。

中学校《ちゅうがっこう》から特別支援学校《とくべつしえんがっこう》に移《うつ》りました。理由《りゆう》は、とにかくいじめがひどくって、それが嫌《いや》で、担任《たんにん》の先生《せんせい》からも「私《わたし》はあなたの対応《たいおう》はできないから、特別支援学校《とくべつしえんがっこう》に行《い》きなさい」っていわれて、それで特別支援学校に行ったのが中学のときです。

仕事《しごと》

【私《わたし》は介護《かいご》の仕事《しごと》をしています。週《しゅう》に三日《みっか》、高齢者《こうれいしゃ》のデイサービスで仕事をしています（注《ちゅう》：奈良崎《ならさき》さんはヘルパー二級《きゅう》の資格《しかく》をもっています）。働《はたら》いて二年《ねん》たちますが、一人《ひとり》ひとりの高齢者の介護の仕方《しかた》が違《ちが》うので大変《たいへん》です。でも、うれしいこともあります。一《ひと》つは、利用者《りようしゃ》さんに「ありがとう」と言《い》われるとうれしいです。二《ふた》つ目《め》は月《つき》に一回《かい》の給料日《きゅうりょうび》が楽《たの》しみです。デイサービスの施設長《しせつちょう》や副施設長《ふくしせつちょう》、職員《しょくいん》さんが、私に障《しょう》がいがあっても、同《おな》じ人間《にんげん》として見《み》てくれるのがうれしいし、障がいを理解《りかい》してくれます。活動《かつどう》も同様《どうよう》に応援《おうえん》してくれるのが、私はうれしいです。これからも今《いま》の職場《しょくば》で働《はたら》けたらいいと思《おも》います。】

本人活動《ほんにんかつどう》

――本人活動《ほんにんかつどう》について教《おし》えてください。

本人活動《ほんにんかつどう》（英語《えいご》ではSelf-Advocacy）を簡単《かんたん》に説明《せつめい》するのは難《むずか》しいです。でも、友達《ともだち》ができるっていうことが一番《いちばん》なのかなって思《おも》います。それともう一《ひと》つ思うのは、家族《かぞく》は自分《じぶん》より先《さき》に死《し》ぬじゃないですか。でも、（本人活動は）自分《じぶん》にとってもう一つ家《いえ》がある場所《ばしょ》、っていう感《かん》じですね。

――本人活動をする意義《いぎ》は？

みんなにとってのもう一《ひと》つの家《いえ》や家族《かぞく》をつくるっていうことだと思《おも》います。例《たと》えば、自分《じぶん》の家《いえ》にも頑固《がんこ》なお父《とう》さんやわがままな妹《いもうと》もいますよね。そういう家族《かぞく》みたいな感《かん》じで（本人活動を）やっています。

――奈良﨑《ならさき》さんが今《いま》やっている活動《かつどう》は？

全日本手《ぜんにほんて》をつなぐ育成会《いくせいかい》の本人《ほんにん》の機関紙《きかんし》『ステージ』の編集委員《へんしゅういいん》を二〇一一年までやっていました。『ステージ』は一年《ねん》に四回出《かいだ》す新聞《しんぶん》で、その記事《きじ》を書《か》いたり編集をしていました。二〇一一年五月《がつ》からは二年間《ねんかん》の予定《よてい》で「障がい者プロジェクト」の委員をしています。私《わたし》は育成会の委員が長いので、新しい本人会のリーダーも育《そだ》ててほしいって言《い》われて、地方《ちほう》に行《い》ったりしています。

本人活動《ほんにんかつどう》のきっかけ

【私《わたし》が住《す》んでいるところ（横浜《よこはま》）では、いろんな障がい者が集《あつ》まって青年学級《せいねんがっきゅう》や余暇活動《よかかつどう》をしています。初《はじ》めは青年学級が楽《たの》しかったけど、ある日自分《ひじぶん》が少《すこ》し大人《おとな》になってきて、自分が一番《いちばん》やりたいことがわかりました。そんな時《とき》に自分のために勉強《べんきょう》したり、いろんな人《ひと》たちと交流会《こうりゅうかい》で集まったことを思《おも》い出《だ》しました。そして、二〇〇二年《ねん》に全日本手《ぜんにほんて》をつなぐ育成会《いくせいかい》の「本人活動《ほんにんかつどう》あり方検討委員会《かたけんとういいんかい》」の委員になりました。その時に初めて、本人活動のことを知《し》りました。それから、本人活動の本《ほん》つくりに参加《さんか》し、発行《はっこう》しました。

本人活動《ほんにんかつどう》の会《かい》をつくるのに初《はじ》めのうちは仲間《なかま》を集《あつ》めること、支援者《しえんしゃ》をみつけることが大変《たいへん》でした。いろんな経験《けいけん》をして、一〇年前《ねんまえ》に始《はじ》めた「本人会《ほんにんかい》サンフラワー」を今《いま》でもやっています。時々仲間《ときどきなかま》と意見《いけん》のくいちがいで口《くち》げんかをするけれど、やっぱり、自分《じぶん》たちでつくった本人活動の会は、大切《たいせつ》な場所《ばしょ》だと思《おも》います。

「本人会《ほんにんかい》サンフラワー」では月《つき》に一回集《かいあつ》まり、話《はな》し合いや勉強《べんきょう》やレクや交流会《こうりゅうかい》をしています。知的《ちてき》障がい者が、社会《しゃかい》に出《で》て行《い》くための勉強会をやっています。あくまでも、知的障がい者が主役《しゅやく》です。健常者《けんじょうしゃ》は、サポート役《やく》です。私《わたし》にとっての本人会の活動《かつどう》は、今《いま》、大切《たいせつ》な仲間《なかま》や自分《じぶん》のことを話《はな》すことができる場所《ばしょ》です。】

二　横浜《よこはま》から日本《にほん》へ、そしてマレーシアへ

――横浜《よこはま》から全国《ぜんこく》へも活動《かつどう》を広《ひろ》げていますよね?

神奈川県社会福祉協議会主催《かながわけんしゃかいふくしきょうぎかいしゅさい》の「当事者《とうじしゃ》から学《まな》ぶ権利擁護《けんりようご》の会《かい》」の横浜市代表《よこはましだいひょう》を一年間《ねんかん》やりました。活動《かつどう》は、横浜市の地域《ちいき》で障害者《しょうがいしゃ》のための情報誌《じょうほうし》の作成《さくせい》とか、たくさんある施設《しせつ》で障害者が本当《ほんとう》にしたい活動ができているかどうかを聞《き》くピア・カウンセリングがメインでした。

去年《きょねん》の五月《がつ》から内閣府《ないかくふ》の「障《しょう》がい者制度改革推進会議総合福祉部会《しゃせいどかいかくすいしんかいぎそうごうふくしぶかい》」の委員《いいん》もしています。あと、大学《だいがく》でも私《わたし》が授業《じゅぎょう》で話《はな》して、本人活動《ほんにんかつどう》と大学《だいがく》のゼミ生《せい》が交流会《こうりゅうかい》をするということもしています。中国《ちゅうごく》の会議《かいぎ》に参加《さんか》したり、タイのアジア太平洋《たいへいよう》障害者センターにも行《い》きました。

行《い》く、決《き》まる

【私《わたし》は、まず、マレーシアでボランティアをやるとは、思《おも》わなかったです。私は、日本《にほん》では知《ち》的障《てきしょう》がいがあるので、いつもボランティアさんに支《ささ》えられているのに、こんな私がマレーシアでボランティアするなんて自信《じしん》がありませんでした。ある日《ひ》、マレーシアの仲間《なかま》の支援者《しえんしゃ》から、マレーシアの本人活動《ほんにんかつどう》の話《はなし》を聞《き》き、私は興味《きょうみ》をもちました。ぜひ、マレーシアの本人活動を自《じ》分《ぶん》の眼《め》で見《み》てみたいから、マレーシアに行《い》くことに決《き》めました。マレーシアに行くまではかなりいろんなことで支援者と準備《じゅんび》をすることが大変《たいへん》でした。ボランティアの内容《ないよう》は、本人活動が大切《たいせつ》なことを教《おし》えることでした。マレーシアでも日本でも、仲間がいれば本人会《ほんにんかい》ができると思《おも》いました。】

三　マレーシアで——やった、できた、仲間《なかま》

編者《へんしゃ》：奈良崎《ならさき》さんはユナイテッド・ボイスという知的《ちてき》・発達障害当事者自身《はったつしょうがいとうじしゃじしん》が代表《だいひょう》や理事《りじ》を務《つと》めるNGOに配属《はいぞく》され、一カ月間《げつかん》、教育省《きょういくしょう》やNGOなど全国《ぜんこく》九カ所《しょ》で知的障害者本人《ほんにん》とのワークショップや、政府関係者《せいふかんけいしゃ》などを対象《たいしょう》にした本人活動《ほんにんかつどう》についての啓発活動《けいはつかつどう》を行《おこな》いました。

「ユナイテッド・ボイス」でのワークショップ風景

ペラ州での講演

このなかには、世界的《せかいてき》に著名《ちょめい》な障害学《しょうがいがく》と本《ほん》人活動《にんかつどう》の研究者《けんきゅうしゃ》である英国《えいこく》のダン・グッドレイ教授《きょうじゅ》と共同《きょうどう》で行った教育省《きょういくしょう》本省でのセミナーや、奈良﨑さんのボランティア活動の私設応援団《しせつおうえんだん》となってくれた東京大学《とうきょうだいがく》の長瀬《ながせ》修《おさむ》特任准教授《とくにんじゅんきょうじゅ》（当時《とうじ》）（国際育成会連盟理事《こくさいいくせいかいれんめいりじ》）と共同で行ったマラヤ大学でのワークショップ（扉写真《とびらしゃしん》）なども含《ふく》まれます。この講演《こうえん》やワークショップの参加者《さんかしゃ》は総数《そうすう》三五〇名《めい》（障害当事者《とうじしゃ》一九三名、職員《しょくいん》や支援者《しえんしゃ》一五七名）になり、本人活動の重要《じゅうよう》さを知的《ちてき》・発達《はったつ》障害者本人と関係者《かんけいしゃ》に広《ひろ》く理解《りかい》してもらうきっかけになりました。

――記憶《きおく》に残《のこ》る体験《たいけん》はありますか？

一番《いちばん》記憶《きおく》に残《のこ》っているのは、サバ州《しゅう》のNGOのワークショップです。自分《じぶん》たちの将《しょう》

サバ州スリムンガシセンターでのワークショップの風景

来《らい》の夢《ゆめ》とか、今《いま》まで本人《ほんにん》たちが誰《だれ》からも聞《き》いてもらえなかったことを、私《わたし》が行《い》って初《はじ》めて（私に）聞いてもらって、参加《さんか》してくれた本人たちが「私に会《あ》えてよかった」と言《い》ってくれて、「やっと、僕《ぼく》たちって生《い》きてていいんだよね」って。「親《おや》も聞いてくれなかったこと、どうしてお姉《ねえ》ちゃんは聞いてくれたの」って（参加《さんか》していた障害者《しょうがいしゃ》本人《ほんにん》が言っていたことを）、向《む》こうの支援者《しえんしゃ》を通《とお》して言われたのが、すごく、今《いま》も印象《いんしょう》に残《のこ》っています。

――逆《ぎゃく》に難《むずか》しかったことは?

教師《きょうし》とか政府《せいふ》の職員《しょくいん》に本人活動《ほんにんかつどう》について教《おし》えるのは、日本《にほん》でも難《むずか》しいんです。これはマレーシアでもすごく難しかった。あと、マレーシアの仲《なか》間《ま》たちは本人活動を学校《がっこう》の中《なか》で進《すす》めたいと言《い》っていたけど、私《わたし》としては、日本ではそれはやらな

使いやすいパンフレットの紹介

いっていう気持《きも》ちなんです。本人活動は学校の一部《いちぶ》じゃないし、学校とは別《べつ》なところであったほうがいいと思《おも》います。本人活動のいいところって、いろんなところに来《き》て、本人たちが出会《であ》う場所《しょ》なんですよ。日本ではやらないけど、マレーシアではやりたがっていることをどう考《かんが》えるのかっていうのが難しかったです。

四　マレーシアから日本《にほん》へ、横浜《よこはま》へ、また世界《せかい》へ

――マレーシアに行《い》った後変《あとか》わったことは？

　昔《むかし》は、みんなに「お母《かあ》さんみたい」って言《い》われてたけど。私《わたし》、（障害者《しょうがいしゃ》）本人《ほんにん》の前《まえ》ではカッコつけだったたんだけど、最近《さいきん》みんなから言われるのは、「『一緒《いっしょ》にチャレンジしてみよう』という言葉《ことば》が増《ふ》えた」って言われます。前《まえ》は一人《ひとり》でやったほうが楽《らく》じゃん、って思《おも》っていたし、本人《ほんにん》活動《かつどう》でも（私自身《じしん》）いろんな人《ひと》と一緒にやろうというのが増えてきた気《き》がします。

――それはなぜですか？

　一《ひと》つは、今《いま》まで知的障害《ちてきしょうがい》っていうことで、支援者《しえんしゃ》にライバル意識《いしき》が燃《も》えてたのかなって。例《たと》えば、久野《くの》さんや長瀬《ながせ》さんにあこがれて、「何《なん》でもできるじゃん」って。でもそれがなくなって、

自分《じぶん》が仲間《なかま》と一緒《いっしょ》にはじけていいんだとか……。

——それは、それで良《よ》かったっていう経験《けいけん》があったから？

そうです。今《いま》までは、この人《ひと》よりうまくなりたいとか、この人よりカッコいい言葉並《ことばなら》べないといけないとか。でもそれをしないで、一緒《いっしょ》に考《かんが》えて一緒にやって、一緒に何《なに》かやることが意味《いみ》があるのかなって、一人《ひとり》じゃないんだなっていうのがわかった。一緒にやってモノができれば感動《かんどう》だなって、っていうのがわかったかな。

——今回《こんかい》の震災《しんさい》で福島《ふくしま》にボランティアに行《い》ったり、神奈川県《かながわけん》が受《う》け入《い》れた障害者《しょうがいしゃ》の支援《しえん》もしていますよね？

今《いま》まで四、五年《ねん》、福島《ふくしま》に講師《こうし》で毎年《まいとし》呼ばれていました。去年《きょねん》は国連障害者《こくれんしょうがいしゃ》の権利条約《けんりじょうやく》のことで、長瀬《ながせ》さんと四人《にん》でワークショップをしにいわき市《し》に呼ばれていたんです。それで、今回《こんかい》のことがあって、長瀬さんから「行《い》こう」って言われて、私《わたし》も今までの恩返《おんがえ》しをしようと思《おも》って。五月《がつ》三十一日《にち》から六月一日の夜《よる》まで行ってきました。避難所《ひなんじょ》を訪問《ほうもん》したり、神奈川に避難していわきに戻《もど》った仲間《なかま》に会《あ》ったりしました。

神奈川《かながわ》は福島《ふくしま》から障害者《しょうがいしゃ》を二百人《にひゃくにん》くらい受《う》け入《い》れていました。このなかに、いわき市《し》で本人《ほんにん》活動《かつどう》をしていた障害者が六〇人くらいいました。この六〇人が全員同《ぜんいんおな》じ入所施設《にゅうしょしせつ》に入《はい》れなくて、みんなばらばらに四カ所《しょ》に避難《ひなん》していたので、そこに会《あ》いに行きました。四カ所全部《ぜんぶ》です。

五　ピア・ボランティア――私《わたし》がボランティアになること

【日本《にほん》でもマレーシアでも同《おな》じように、自分《じぶん》がやりたいことをみつけてお手伝《てつだ》いをみつけることが大切《たいせつ》です。ボランティアでは、一人《ひとり》ひとりできないことがありますが、いろんな人《ひと》と出会《であ》い、情報《じょうほう》をみつけだすことが大切です。私《わたし》は人間対人間《にんげんたいにんげん》のつながりを知《し》ることができました。】

でも、「ボランティア」って呼《よ》ぶのはやめてほしいって思《おも》います。

――どうして?

ボランティアの意味《いみ》を自分《じぶん》はなんか、嫌《いや》なのかなって。「ボランティアしてあげてる」とか、「ボランティアでしょ」とか、ちょっとえらそうになるのが嫌なんですね。「なんのためにしてあげてるの」とか「かわいそうだから同情《どうじょう》でやるの、やめな」とか。私《わたし》は「一緒《いっしょ》にやるのがボランティアなんじゃないの」ってよく言《い》うんです。

――「やってあげる」じゃなくて?

そう。逆《ぎゃく》にそれ言《い》うんだったら、やってあげるんじゃなくて、その前《まえ》にヒントをあげればいいんじゃないって。そこの現地《げんち》の人《ひと》に。

──例《たと》えば?

今回《こんかい》は本人活動《ほんにんかつどう》をしたけど、(例《たと》えばその前《まえ》に)本人活動《ほんにんかつどう》をする場所《ばしょ》をつくってあげるとか、できればいいんじゃないかって。

──じゃ、「ボランティア」って言《い》われるのは?

嫌《きら》いです。何《なん》でも一緒《いっしょ》にやって一《ひと》つのことが成功《せいこう》できれば幸《しあわせ》かなって思《おも》います。

──知的障害者本人《ちてきしょうがいしゃほんにん》が途上国《とじょうこく》にボランティアに行《い》くことの意味《いみ》は?

本人同士《ほんにんどうし》の交流《こうりゅう》がもてるのが一番《いちばん》。それが一番大事《だいじ》。本人同士が心《こころ》と心でつながる。

だから、ドンドン行ってほしい。行くことで本人《ほんにん》も変《か》わると思《おも》うんです。現地《げんち》の人《ひと》も変わってくると思う。マレーシアのジョハリ（ユナイテッド・ボイスの元代表《もとだいひょう》）も、前回《ぜんかい》マレーシアで会《あ》ったときと、今年《ことし》オーストラリアで会《あ》ったときでは違《ちが》っていました。そういう変化《へんか》って、やっぱりピア同士《どうし》じゃないと出《で》ないと思う。支援者《しえんしゃ》が行《い》くと、先生《せんせい》と生徒《せいと》の関係《かんけい》になってしまうと思います。支援者と生徒とか。本人が行くと、カッコつけなくていいんだなって、本人の前《まえ》ならはじけてもいいんだなって。そういう意味《いみ》で、ピアって良《よ》いのかなって思います。自分《じぶん》がエリートにならなくていいんだよっていうこと。自分のままでいられる、カッコつけなくていい。

六　これから

【私《わたし》は本人活動《ほんにんかつどう》でやりたい夢《ゆめ》がいっぱいあります。私は、本人活動を仕事《しごと》としてやりたいです。世界中《せかいじゅう》の障《しょう》がいがある人《ひと》もない人も出会《であ》える場《ば》をつくりたい。一人《ひとり》で悩《なや》んでいる人がいたら、一緒《いっしょ》になって考《かんが》えたい。マレーシアでは障《しょう》がい者《しゃ》の本人活動が大切《たいせつ》だったけど、本人たちが一番《いちばん》やりたいことを一つでもかなえたい。そして、生活《せいかつ》や仕事《しごと》の場《ば》をみつけ出《だ》したいです。

私《わたし》はもっと他《ほか》の途上国《とじょうこく》にも行《い》きたい。理由《りゆう》は、障《しょう》がい者本人《しゃほんにん》たちがどんな生活《せいかつ》をしているのか、障がい者の本人たちがどんなことで悩《なや》んでいるのかを知《し》りたい。そして、手伝《てつだ》えることが

あったらやりたい気持《きも》ちです。】

奈良﨑真弓（ならさき　まゆみ）
横浜市《よこはまし》在住《ざいじゅう》。介護《かいご》付《つ》き有料老人《ゆうりょうろう》ホームのデイサービスで週三日《しゅうみっか》、ヘルパーとして勤務《きんむ》。内閣府《ないかくふ》障《しょう》がい者制度改革《しゃせいどかいかく》推進会議《すいしんかいぎ》の総合福祉部会構成員《そうごうふくしぶかいこうせいいん》（二〇一〇年四月～一二年二月）、全日本手《ぜんにほんて》をつなぐ育成会《いくせいかい》「本人《ほんにん》のための見《み》る知《し》るプログラム」委員。神奈川県内《かながわけんない》で活動《かつどう》する本人の会「サンフラワー」代表《だいひょう》。「わかりやすい障がい者の権利条約《けんりじょうやく》」編《へん》集委員《しゅういいん》。JICAの活動でタイに専門家《せんもんか》として、マレーシアにボランティアとして派遣《はけん》。

イラスト：奈良﨑真弓

5

私のボランティア活動

——車いすバスケの指導と普及活動を通して得たもの——

神保康広

マレーシアナショナルチームのメンバーたちと集合写真

車いすバスケとの出会い

中学校時代、私は偏差値で優劣を決められてしまう学校制度に違和感を覚え、あらゆる人に対して反発心を抱いて荒れました。結果、高校進学の道も閉ざされましたが、一六歳の冬に周囲からの説得や励ましもあり、一念発起して高校進学を決意しました。しかし、その直後にバイクの単独事故を起こしてしまったのです。精密検査の結果は脊髄損傷でした。背骨（腰椎一番）の骨折が原因で、私はその日から一生下半身マヒを抱えて生きていく運命を背負いました。昭和から平成に移り変わる当時、まだまだ車いすで自由に行動できるような施設等の整備はなされていませんでした。また、「障害者」＝「かわいそうな人」というような感覚が蔓延していた時代に、自由に動き回る足を奪われ学歴もない私は、就職することもできないまま、事故後二年間という長い月日を家に閉じこもったまま過ごしてしまったのです。

一八歳の夏、自動車の免許を取得したことがきっかけとなり、少しずつ外に出る機会が増えていきました。また、友人が「車いすでもスポーツができるらしい」と聞きつけ、半ば強引に車いすバスケの練習会場に連れ出してくれたのが車いすバスケとの出会いでした。体育館で楽しそうに〝スポーツ〟をして汗を流すたくさんの同志（障害者）と出会い、私はすぐにその魅力にはまってしまったのです。車いすバスケを始めた私は、同時に少しずつですが自分の変化にも気づき始めていました。「できない」と思っていたことが「できる」ようになると、常にその先の「できない」ことを求めては挑戦するようになっていきました。試行錯誤しながら目の前の壁を越えることが楽しく、それは小さな自信にもつながっていきました。車いすバスケは、自分が生まれて初めて夢中になれることになりました。

パラリンピアンとして――世界で、日本で

一九九六年の夏、私にとって自身二回目となるアトランタパラリンピックの出場の際の出来事です。選手村の食堂で出会った老父のボランティアに「え、無報酬なの？　本当にありがとう！」と、何気なくつたない英語で伝えたのですが、彼は「世界的なイベントにボランティアとして参加できることを幸福に思う！」と興奮した表情で伝えてくれました。また、選手や関係者から「米国のクラブチームは企業のスポンサーが抱えて活動が成り立っている」、「障害をもった子どもに車いすスポーツを提供するプログラムがある」ということを耳にし、当時の日本では想像すらできないことばかりで次第に米国に対する思いが強くなっていきました。今でこそ「将来はわが子をパラリンピックに出場させたい」という親が増えたものの、当時は「障害をもった子どもにスポーツをさせるなど危険極まりない」と非難を浴びるような時代だったので、特に後者の話には心を揺さぶられました。

レイクショア財団のアフタースクールプログラム（放課後の時間を使った重度障害児に対するレクリエーションプログラム）。バスケットボールを使ったゲームのルール説明風景

スーパースポーツサタデー。障害の有無に関係なく体験できる車いすスポーツ（バスケ、陸上、テニス、水泳）プログラムで、毎回学生のボランティアスタッフがサポートで参加している

一九九九年の夏、自分自身三度目のパラリンピックとなるシドニー大会を翌年に控え、私は更なるステップアップを目指して米国へスポーツ留学の計画を立てました。私が米国で目指したのは、障害者スポーツ環境において先進国の同国でレベルアップを図ることです。また、そのかたわら障害者スポーツの指導プログラムを学び、日本に持ち帰って普及するということでした。幸運なことにダスキン企業集団が支援する財団「広げよう愛の輪運動基金」の奨学金制度のサポートを受け、翌年春にはアラバマ州にある障害者スポーツを支援する財団「レイクショア財団」(LAKESHORE FOUNDATION http://www.lakeshore.org/) に研修とボランティアを兼ねた形で入ることができたのです。

二〇〇〇年、記念すべき三〇歳。米国での生活は全てが初めてのことばかりで感動の連続でした。バスケのプログラムでは、いわゆる健常者が私たちと一緒にバスケをするために車いすに乗ってプレーします。財団のイベントやプログラムには、常に地域住民や近隣の学生たちで構成されたボランティアが集まっていました。彼らはボランティアをしながら自らが楽しんでいるように感じました。ボランティアを楽しむという感覚は、私の中になかったように思います。他にも同じ障害をもった車いすの子が、自分よりも状態の悪い下級生の車いすを押しながら(介助しながら)ダンスやバスケットを楽しんでいる光景には感動すら覚えました。

米国に来る前までの私は、ボランティアに対して少し抵抗感をもっていたように思います。なぜなら、車いすバスケを始めてからというもの、様々な場面でボランティアのサポートを受ける機会は増えたのですが「学校の命令で仕方なく（ボランティア）に参加している」とか、「せっかく（ボランティアとして）サポートをしてあげたのに負けるなんて……」など、明らかに自身の活動に対して成果や見返りを期待するような声を多く聞くようになったからです。ボランティアを受けることに対して常に感謝の気持ちはもっていたつもりです。しかし、成果や結果を期待し過ぎて相手に押しつけるような言動は、どうしても違うような気がしてならなかったのです。

当時財団でお世話になった指導員のマイルズ・トンプソン氏が話してくれたことが忘れられません。「ここに通う障害児たちの多くは上半身にも重度の障害をもっている子が多いから、決して自分がトップアスリートにはなれないことを理解している。だからこそ、彼らにはスポーツの楽しさを伝えたい。また、スポーツを通してコミュニケーションの能力や人を思いやる心を伝えたい。スポーツは素晴らしい教育ツールでもある」と。

しかし、彼はその気持ちを外に表すことは一切ありませんでした。彼の場合職務という立場ですから、ボランティアとは違いますし、逆に結果を求められる立場にあるから当然のことかもしれませんが、上からの目線ではなく、常に子どもたちと同じ目線で会話をし、同じ人として対等に振る舞うトンプソン氏が印象的でした。また、その他にも車いすバスケットのコーチングを研究するイリノイ大学のコーチ、マイク・フログリー氏や世界中のトップアスリートたちなど、強く影響を与えられた方々との出会いが私の財産になっています。

米国での生活が一年を過ぎた頃、私と同様に海外留学経験をもつパラリンピアン数人と話す機会があり、私たちの海外留学経験を活かして、日本に何か還元できることはないだろうか、と話し合いました。そのなかで、当時まだ日本では皆無だったサマーキャンプを計画したのです。これは、夏休みの時期に数日間、学校の寮や簡易宿泊施設で集団生活をしながら、様々なジャンルの集中講座を開催するというものです。スポーツはもちろんのことですが、ダイエットのキャンプやボランティアの講習キャンプなど様々です。キャンプの企画にはじまり、日程調整、協賛企業の獲得、会場や宿泊先の確保、周知募集活動などなど、あらゆる準備を有志の仲間で行いました。また、現地でのボランティアを募集して事前勉強会なども実施したのです。

二〇〇一年夏、遂に札幌市を会場として日本で初の車いすバスケのサマーキャンプが開催されました。この活動では、スタッフ全員が仕事や学業と両立して行いました。ですから、これだけのキャンプを開催するにあたっては、相当の時間を割くことになり、個人の負担は想像以上に大きなものとなりました。しかし、私たちが活動のなかで常に意識したことは「スポーツの楽しさを伝えたい!」という思いや、誰かのために「してあげる」精神ではなく、自分たちも楽しみながら「自分がしたい!」ことを形にしていくということです。

現在ではＮＰＯ法人格を取得し、指導者を育てる活動などさらにステップアップした活動を展開するまでに至っています(J-CAMP　http://homepage.mac.com/campfrom2001/)。現在私は本業が忙しく、ほとんど同志や後輩にお任せの状態となってしまいましたが、発起人としてこの企画立

キャンプ中の指導風景

ち上げから軌道に乗るまでの数年間の活動は、私にとって充実した人生の中でも輝ける時間となりました。

ピア・ボランティアとして――マレーシアで

二〇〇六年春、ある友人から「途上国で車いすバスケットの指導や普及をするというJICAのボランティア募集がある」という話を聞きつけ、迷わず参加を決めました。理由は簡単で、好奇心と大好きな車いすバスケを指導及び普及するという任務に大きな魅力を感じたからです。実はJICAのボランティア事業において、実際に車いすを使用するボランティアの派遣は私が初めてだったらしく、派遣までには様々な配慮や心配をいただいたのですが、まずは一カ月のトライアルという形でマレーシアに赴任しました。

私の派遣先はマレーシア車いすバスケットボール連盟で、拠点はバンギという所にある、国立の障害者職業訓練センターでした。全寮制の同施設に寝泊まりをしながら彼らと同じ生活を送りました。途上国での生活は、車いすの私にとって不便が多かったことは事実です。例えば公共の交通機関も少なくノンステップバス等は皆無でしたし、比較的進んだ中進国と言われるマレーシアでさえ、メインの通りを外れれば砂利道が多く大変な思いばかりでした。バリアフリーの建物も少なく、何かにつけて自分が障害者であることを思い知らされる環境で、アメリカとは正反対の感覚を覚えました。しかし、逆に私自身も周囲のサポートを受けることで、マレーシアの社会でも障害者の存在を知ってもらいたいという気持ちはありました。

バスケの練習は訓練終了後の一六時頃から二一時頃まで、ほぼ毎日というハードなものでした。実はかなり無茶な話だったのですが、その年の十一月に地元マレーシアで開催されるフェスピック（アジアパラリンピック）に好成績を残すという大きな目標が掲げられていたからです。

しかし、それ以上に無茶だと感じたことは、彼らの生活環境でした。通常ならば自立した社会生活があって、余暇でスポーツを楽しむということになるかと思いますが、国策とはいえ個々の選手の自立がない状態でスポーツに力を入れることには矛盾を感じました。彼らはフェスピックが終了するまでは国から衣食住が保障され、半ばプロのような好待遇が与えられるのですが、終わってしまえば訓練を続ける人もいれば地元へ戻らざる得

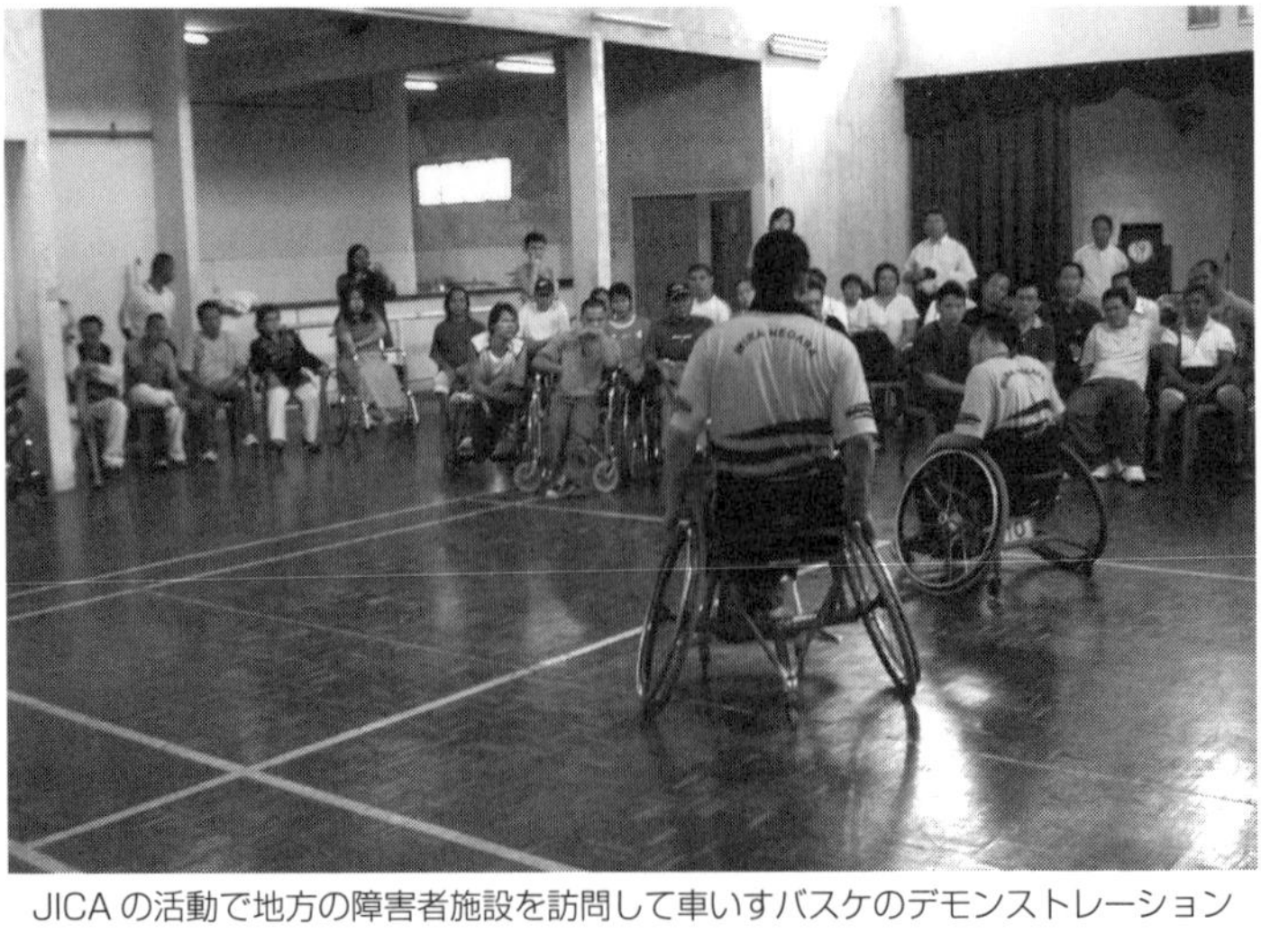

JICA の活動で地方の障害者施設を訪問して車いすバスケのデモンストレーション

ない人もいました。もちろん、衣食住のサポートも打ち切られてしまうのです。また、マレーシアではバンギの職業訓練センターでしかバスケをする環境がなく、競技用の車いすも個人で購入した物はないため、選手は続けていくことが困難であることに懸念を抱いていました。

ですから、そんな彼らに私が意識して伝えようとしたことは、単にバスケットが上手くなることだけではなく、社会的自立を踏まえ社会人としてあるべき姿を伝えていくことです。例えば集合時間を守ることや協調性をもって行動すること、物事を簡単に諦めないことなどです。

練習では彼らを世界のレベルまでアップさせることは至難の業でしたから、基礎体力を上げるために四〇分間走やインターバルダッシュ一〇〇本などいうケタ外れのメニューを与えました。もちろん、彼らにとっては過去に経験のないほどの量でしたが、そんなことはトップレベルの選手ならば普通にこなせることを証明するため、私はそれらの全てを彼らと一緒にやって見せたのです。現役を引退していた時期でもあるため非常に苦しかったのですが、大きな声を出しながら必死に誰よりも速く走って見せたのです。そして、必ず終えたときには、笑顔で「Good job!（よくやった！）」と言いながら選手たちとタッチを交わしたのです。

しばらくすると、彼らの行動は目に見えて変わりだしました。訓練が終わると急いで体育館に入り準備をする。練習開始前から走り込みをしたりシュート練習をする選手が増えていきました。また、キャプテンやチームを牽引すべくリーダーシップを発揮する選手が出てきたのです。彼らは練習前に私のところへ来て、自分たちが足りない部分の練習をリクエストしたり、時には人間関係の良し悪しなども相談してくれるようにもなりました。

　さらに、選手以外の訓練生からもバスケがしたい、バスケを教えてほしいという人が出てきました。私は週に一日だけ、選手の休息日にあたる水曜日の夜を、希望者を対象にした練習日にしました。すると、想像以上の希望者が体育館を訪れるようになったのです。彼らは、まさしくトップアスリートになれる選手ではない人たちでしたが、私は彼らにバスケットの楽しさとスポーツをして汗を流す爽快感を伝えることができたと思います。これはアメリカでの研修時代を思い出す、とても心地よい時間となりました。

　ある時、キャプテンのファズランが私のところへやってきました。彼との会話は英語が流暢な友人の通訳を介してでしたが、付き合っている恋人と結婚したいが、障害者で仕事もしていない彼と

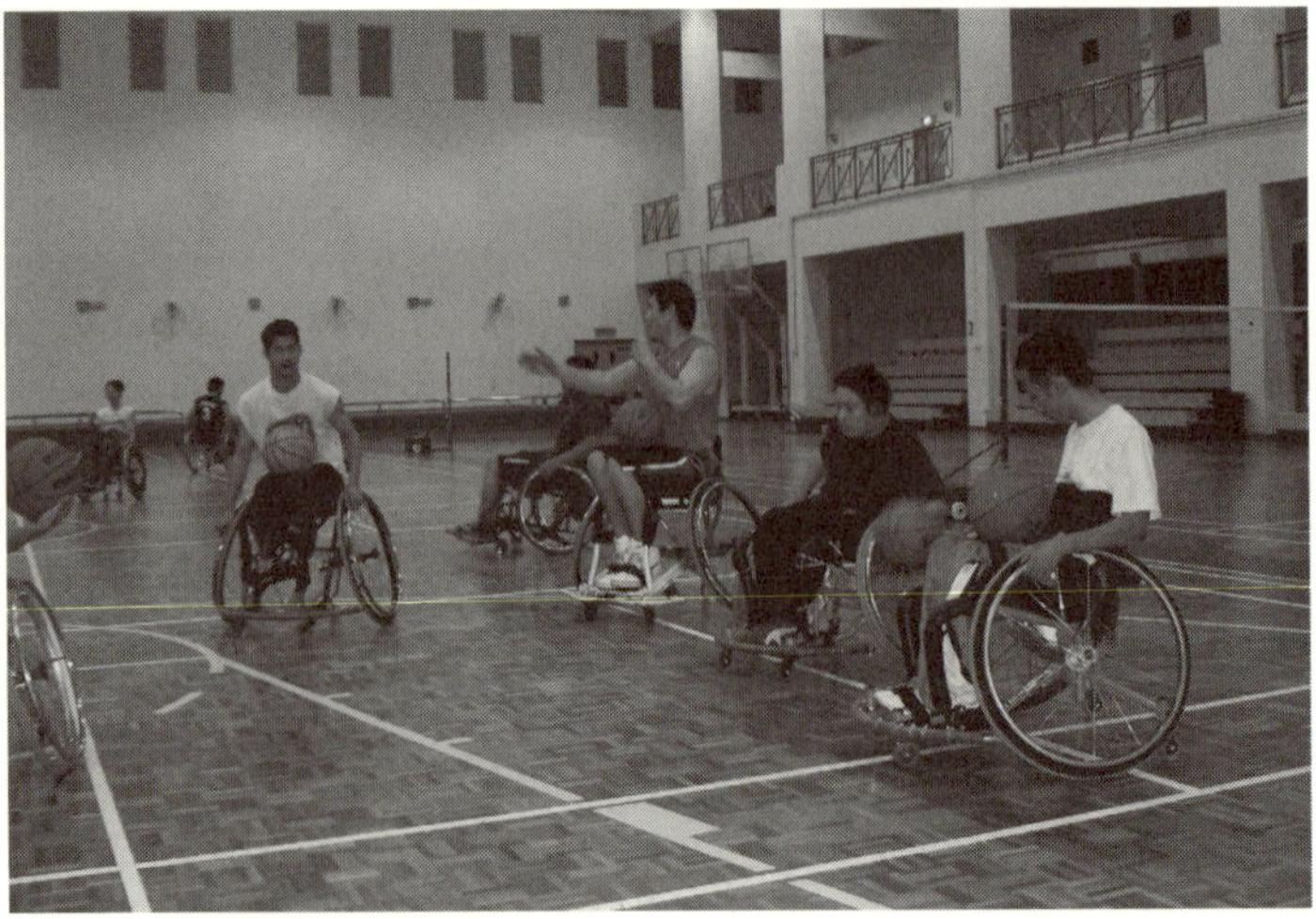

希望者を募って始めたレクリエーションバスケットの指導風景

の結婚を彼女の両親が猛反対しており、どうすればよいかという相談内容でした。私は日本にもファズランと同じような悩みを抱えている障害者が大勢いることを伝えました。また、私が障害者になった当時と現在のマレーシアの状況が似ていることなど、彼にできる限りのアドバイスと応援をしました。例えば、就職先を見つけるためにたくさんの会社に連絡をして全て断られた経験談。バスケットを頑張り始めてから好転し始めたこと。また、誰かが助けてくれるのを待つのではなく、自ら一生懸命に諦めずバスケや就職活動を続けていくことが大事で、そういう行動が道を切り開くことになるとエールを送ったのです。それは、自分自身の人生をふり返って出た経験の言葉でした。

その日から彼は訓練所の周囲にある企業に就職活動を開始しました。また、バスケの練習においても今まで以上に集中しながら頑張る姿を見せてくれたのです。彼らの行動はまさに二十数年前の私たちと同じ光景でした。その後、私は一カ月のトライアル期間が終わって帰国したのですが、色々な思いを残したままであったマレーシアに戻ったことは自然の流れでした。

再び準備して八月からマレーシアでの活動を再開するなか、ファズランから「日系の企業に就職できた！」との嬉しい報告があったのです。その頃から、選手たちは日本の障害者事情や自分の生活環境に関する相談などもしてくるようになりました。私は彼らに障害者の先輩として、彼らが自立した生活を送るためのアドバイスや相談を受けることも必要なのではないかと思うようになっていきました。
今ふり返って思うと、私の任務は車いすバスケットの指導及び普及でしたが、こうした途上国における障害者への自立に対する情報伝達や助言なども、広い目で見るとボランティア活動になっていたのだと思います。それは決して特別なことではなく、自分の知識や経験を相手と共有するというごく当たり前の行動です。

私にとってのボランティア

障害者である私自身がボランティア活動をするということは、決して特別なことではなく、逆に障害をもった私だからできることもたくさんあるのだと思います。特に自らの人生経験を踏まえた活動においては、同じ視線での活動がより親近感を生むこともあるように思います。さらに、自分自身が先頭に立って行動することで、ボランティアを受ける側にも刺激を与えることができたのではないかと考えています。

現在私が勤務している車いすメーカーでの仕事も同じですが、自分が使う車いすだからこそより機能的で使い易い製品を生み出せる。また、その自分が製品の説明や販売をすることで、より大きな説得力が生まれるのだと確信しています。ボランティアの概念は人によってそれぞれ捉え方は異なるかもしれませんが、私にとってのボランティアは「自分がやりたい！」と思うことを追求するなかで、そこにリンクしながら自分自身が楽しめたり充実感を味わえる活動です。それが結果的に「される側」の人に対しても何らかの影響や助けにつながれば嬉しいですし、そこに障害の有無は全く関係ないと思っています。そして、自身が捉える概念を実現するためにも、常に向上心をもって何かにチャレンジし続けていきたいと思います。

最後に、またいつかＪＩＣＡのシニアボランティアとして、車いすバスケットの指導や普及はもちろんのことですが、車いすメーカー勤務での経験も活かした形で活動してみたいというのがリタイヤ後の目標です。

神保康広（じんぼ　やすひろ）
一九七〇年生まれ。一六歳のときにバイク事故で脊髄損傷となり車いす生活になる。車いすバスケの日本代表として一九九二年バルセロナパラリンピックから四回連続出場。二〇〇〇年から米国アラバマ州のレイクショア財団で、障害者（児）のスポーツプログラムを学ぶかたわら全米リーグに参戦。現在、車いす製造販売メーカー、株式会社松永製作所勤務。スポーツブランド〝MAX PLEASURE〟ブランドマネージャー。

6

マレーシアでの障害者スポーツの発展をめざして

——視覚障害者の水泳指導を中心として——

河合純一

プールで手とり足とり指導の様子

はじめに

私は静岡県浜名郡舞阪町（現在は浜松市西区舞阪町）という太平洋と浜名湖に囲まれた小さな港町で生まれました。先天的に視力が弱く、右目のみ〇・一の視力で生活をしていました。それが中学三年生のときに失明し、現在に至ります。

家族構成は両親と弟の四人家族でした。どこにでもある共働き家庭でしたが愛情をかけて育ててもらいました。おかげで何事にも自信をもって挑戦することができたように思います。

水泳は五歳から習い始め、失明後も続けていました。小・中学生のころは地区大会で優勝したり、県大会で決勝に残ったりする選手でした。失明後、目標を失いかけた時期もありましたが、パラリンピックという世界の舞台に出会い、金メダルを取るという夢に向かってのめりこんでいきました。一九九二年のバルセロナパラリンピックでは銀メダル二個、銅メダル三個という結果に終わり、金メダルを取ることができませんでした。その悔しさを胸に練習に取り組み、一九九六年のアトランタパラリンピックでは二個の金メダルを含めて四個のメダルを獲得することができました。夢を実現するという喜びを初めて味わった瞬間でした。

もう一つ大きな夢がありました。それは小学生のときに担任の先生に憧れ、教師になりたいという夢でした。その夢は失明後も変わることはありませんでした。そして、全国的にみてもほとんど例がない全盲の公立中学校の社会科教師として、一九九八年から母校の教壇に立つことができました。

なぜボランティアに

一九九八年から舞阪町立舞阪中学校（現在は浜松市立舞阪中学校）に勤務することになりました。そこでは社会科の教師として、学級担任として子どもたちと向き合う日々でした。そして、部活動の顧問としても一緒になって汗をかいていました。そういった日々のなかで、二〇〇〇年のシドニーパラリンピックを目指すことになりました。生徒たちの声援が大きな後押しになりました。

このシドニーパラリンピックでは二五歳ではありましたが、日本選手団の主将をさせていただきました。水泳チームというだけでなく、すべての競技の代表としてコメントを求められました。それよりも、自分は結果で選手団を引っ張っていくんだという気概で大会に臨みました。なかなか金

教壇での授業風景。こうやって複数で授業を組み立てていた。

メダルには手が届かず、銀メダルが三つ続きました。そして大会最終日、残すところ個人種目は一つだけ、五〇メートル自由形でした。この種目は前回大会でも金メダルを取っている得意種目でもありました。大きなプレッシャーのなか、大会新記録（当時）で優勝することができました。さらにリレーでは世界新記録（当時）で優勝することができたのです。主将としての重責を果たせた瞬間でもありました。

金メダルを取ったものの、シドニーでの経験から、若い選手を育てていかなければ日本の未来はないという危機感をもちました。そこで帰国後、自分にできることはないかと考え、盲学校の恩師であり、コーチでもある寺西真人先生、盲学校時代の水泳部の仲間などに相談し、私が勤務している学校のプールを借りて「視覚障害者水泳教室」を開催することにしました。私はこれまで中

自由形での力泳

学校の部活動で水泳を教えていましたが、視覚障害者に教える経験は皆無でした。しかし、自分が見えないなかで泳いできたという経験は、きっと役立つと信じていました。以来、細々とですが、毎年、教室を開催し続けています。国内では、このような経緯から自分にできるボランティアとして活動を続けていました。

二〇〇四年のアテネパラリンピックを目指しているとき、私は休職して大学院で学んでいました。その頃、学生時代のゼミの友人から一通の電子メールが届きました。そこには彼女がマレーシアにてＪＩＣＡの青年海外協力隊員として活動していたことなどが書かれていました。私にもできるのであれば、国際協力に関わってみたいと漠然とした思いが生まれた瞬間でした。そして、アトランタパラリンピックで選手団の通訳としていらしていた方も国際協力の仕事をしていることを知り、ますます国際協力への思いが強くなりました。

さらに二〇〇五年にアメリカ合衆国・コロラドスプリングスで開催されたＩＢＳＡ（国際視覚障害者スポーツ連盟）主催のユース大会が行われ、私は監督という立場で参加しました。このチームのコーチの一人が、マレーシアでの障害者水泳指導でＪＩＣＡの長期派遣を経験している方でした。そのような関係で、マレーシアにおける障害者への水泳指導の派遣要請があり、挑戦してみることにしました。派遣は寺西先生との二人での派遣となりました。二人とも現職の教員であることから、仕事に支障がでないよう、夏休み中の短期派遣という形となりました。

ボランティア活動と内容

マレーシアへの短期派遣が決まってからというもの、寺西先生とメールでやりとりしながら計画を練っていました。これまで国内で実施してきた水泳教室の経験があったため、不安は少なかったように思います。そして、日本からマレーシアに行くにあたって、日本で独自開発された道具を用意することにしました。視覚障害者の競泳において欠かすことのできないこれらの道具は、開発段階から私や寺西先生が意見を出し続けて完成したものばかりでした。

一つはブラックゴーグルです。視覚障害（全盲クラス）の選手が公認大会に出場する場合には、アイマスクのように光も遮断したゴーグルの着用が義務づけられています。これは公平性を担保するために必要な手立てなのです。

二つ目はタッピング棒（合図棒）です。これは視覚障害の選手が泳いできたとき、壁に近づいたことを知らせるための棒です。釣竿の先にウレタン素材の浮き具を加工したものが取り付けられています。最長で三メートルほどにもなる棒ですが、五段式で縮められることから遠征などの持ち運びに大変便利になっています。

三つ目はコースロープガードです。私は練習をしているとコースロープに肩が触れて擦り傷ができたり、指先をコースロープにひっかけてしまい、突き指をすることも間々ありました。こういった怪我から守るために開発されたのがコースロープガードです。ウエットスーツの生地を縫い合わせて作ってあり、コースロープに触れながらでなくガードに沿って泳ぐことで、怪我から体を守ることができます。

こういった道具をそれぞれの企業に発注し、マレーシアの皆さんに紹介するとともに、使い方をレクチャーしようと考えたのです。

私たちの活動はクアラルンプールとペナン島の二カ所での活動が主となりました。クアラルンプールでは、マレーシアのパラリンピック代表候補選手とそのコーチへの指導が中心でした。それに対してペナン島では盲学校の児童生徒への指導でした。もちろん、盲学校の先生方への指導も行いました。

クアラルンプールでの指導では視覚障害以外の選手たちもいたため、指導は大変でした。国内での視覚障害者水泳教室や中学生への水泳指導経験だけでは対応できなかったかもしれません。しか

マレーシアの国際大会に出場する代表選手たちとの記念写真

し、障害者スポーツ指導員の資格を取得していたこと、パラリンピック日本代表で様々な障害の選手と練習をしていたこともあり、応用しながら指導にあたりました。

クアラルンプールでの指導において一番大変だったことは、とてもすばらしいプールを借りていただいたのですが、水深が二メートルほどもあり深いため、指導する際にプールの底に足がつかず、立ち泳ぎをしながら選手の体を支えなければならなかったことです。かろうじて足がつくところもありましたが、つま先立ちをするしかなく足をつってしまいました。プールでの実技では模範を見せたり、手取り足取り指導したりすることでうまく伝えられたように思いました。プールでの実技以外の時間を利用して、講義形式での情報提供を行いました。ここでは現地事務所のフィールド調整員の原田さんに大変お世話になりました。私のつたない日本語をマレーシア語に翻訳しながら伝えてくださいました。また、受講者からの質問も翻訳していただき、よりプールでの実技の向上につながったと感じました。

ペナン島ではセントニコラスという施設にて練習をしました。小学生から中学生ぐらいまでが対象でした。視覚障害の子どもがたくさんいるなということを強く感じました。日本の盲学校（視覚特別支援学校）では重複障害の児童生徒が増えてきており、視覚障害のみという児童生徒は減少傾向にあります。

もともと熱帯なので年中外で泳げる環境にあり、うらやましいなと思っていました。ところが意外にもマレーシアの方々は水泳をしていないのだということを知りました。もちろん、宗教的な理由も大きいのだと思います。しかし、プールがたくさんあるのに、十分に活用できていないことはとても残念なことでした。視覚に障害のある方々にとって、水泳ほど独力で安全に運動強度を上げられるようになるスポーツはないと常々考えています。ですから、そのことの一端でもよいので伝えたいとも思っていました。

特に気を使ったのは女子への指導でした。肌を露出しないよう、女子たちは着衣のまま水に入っていました。もともと泳げない子が着衣状態で泳げるようになるというのは、とても難しいことです。泳げる子であっても、着衣状態では沈んでしまい、泳げなくなるのが普通だからです。

視覚障害者への指導において重要な手段は大きく分けて二つです。一つ目は言葉による適切な指導です。私たちはマレーシア語を全くといってよいほどしゃべれないまま現地入りしましたので、この点で大きな不安がありました。しかし、現地のフィールド調整員、お手伝いをしてくれた協力隊員の方々が的確に通訳してくださり、子どもたちや選手たちに伝えることができました。

もう一つの指導方法は手取り足取り教えるということです。視覚に障害のある方々は見て学ぶ、真似るということができません。そして、自分の現状についても把握することがとても困難です。いくら言葉による適切な指導がなされても、体を動かしているイメージと実際の動きとが一致しているとは限りません。そのようなときには、直接体に触れながら指導することが有効です。手のかき方や脚の動かし方などです。時には私の体を触らせることで、イメージをつくらせることもありました。

こうやっていくつかのポイントに分けて指導を実践してきましたが、指導者への指導が最も重要であったと感じました。特に子どもたちの指導では、日に日に学校の先生方の指導意欲が高まったことが大きな効果だったと思います。子どもたちの練習後には、居残りで先生方が泳げるようになるための練習をしました。自分が泳げることにより、自信をもって指導できるようになるものですから、こういった積極的な姿に心を打たれました。

ボランティア活動から学んだこと、変わったこと

先にも書きましたが、国内での水泳教室の開催を継続していくことの重要性を感じました。教える子どもたちは替わっていっても、少しずつでも指導の技術を向上させることにつながっていたことを再確認できました。そして、同じように視覚障害のある選手たちの中から、手伝いたいという声をいただくことも出てきました。このようにして続けていくことにより、「自分にできることをできる範囲で継続して行うことの意義」、「自分だからこそ同じ障害のある方々や子どもたちに伝えられることがあるということ」が浸透していけばよいと感じました。

こういった活動を通じて、日本国内だけでなくアジア地域での障害者スポーツについて考えるようになっていきました。そして、二〇〇八年からアジアパラリンピック委員会のアスリート委員会副委員長という職をいただきました。二〇〇九年の東京アジアユースパラゲームスの期間中にアスリート委員会が開催され、各国の代表者が集まってそれぞれの国における障害者スポーツ

の課題を発表し合いました。行政の枠組みが日本のように障害者か非障害者かということで担当官庁が厚生労働省と文部科学省とに分かれている場合もあれば、統一した行政によって運営されている国もありました。一概にどちらの制度が良いとは言えないことも感じました。それぞれの国がこれまでにどのようにして障害者スポーツと関わってきたのか、これからの進むべき方向性はどうなっているのか、それらの財政的な基盤はあるのかなど、様々な課題がありました。

私はこの大会に日本代表の水泳チーム監督としても参加していました。そのなかで、衝撃的な光景に出合いました。それは陸上競技において裸足でレースをしている選手がいたことです。さらに選手村内でも裸足で歩いている選手たちがいたのです。ある面では、これがアジア地域

同時期にマレーシアを訪れていた、テニスのクルム伊達公子選手がプールでの指導を見学にいらしたときの写真

の障害者スポーツの現状なのだと突きつけられた気がしました。日本の選手たちは国内での問題に目を向けることで改善を求めていましたが、もっと視野を広げてほしいと強く思うようになった出来事でした。

障害当事者が国際協力に参加する意義・課題・可能性

私はこの派遣を通じて多くのことを得ることができました。そのことが国際協力本来の意義と逸脱してはならないと思っています。

障害者にとって国際協力は、まだまだハードルが高いのが現状だと思います。なぜなら国内においてもボランティアをしてもらう立場ばかりを経験していて、自分たちが率先してボランティアをするという意識が薄いと感じるからです。これはもちろん障害者側の課題でもあるのですが、非障害者側も障害者がボランティアをするということに対して、違和感を覚える方が多いことも問題なのだと考えています。こういった無意識に潜む障害者に対する偏見とも闘わなければならないからです。

そして、国内での活動なくして、海外での活動はありえないということです。国内でできないことが、環境も違う、宗教も違う、言葉も違う場所でできるはずがないのです。まず、最初に国内での活動のベースがあることが最低条件だと思います。

その点、私は視覚障害者水泳教室を開いていたことで準備ができていたことになると思います。

そのベースをつくるためには、自分にできることを行ってみることが第一歩だと思います。そして、思いや考えをいろいろな方々と会って語ることが大切です。活動をするということは人との関わりなくしてはありえないからです。協力者を増やしていくことにより、活動の幅を広げ拡大させていくことになるのです。

もう一つの課題は語学です。短期派遣の場合、それぞれの国の言葉を習得する機会がありません。そのようなとき、本当に助けてくれたのがＪＩＣＡの職員や既に活動をされている協力隊員のみなさんでした。このような場合においても、人間関係が重要だと強く感じました。自分らしさを短時間で相手に伝えることも、日常的に取り組むことで改善可能だと感じました。これらのことは、いざ任地にて実践しようとしてもすぐにできることではありません。日本国内で自分から多くの方との関係を構築していくことが大切です。

いずれの活動にしても、自分一人でできることなど何もありません。会場の手配や参加者の受付など、活動をするためにはいくつもの行程があります。その意味でも、障害者自身がお客様ではなく実務を担うことが大切なのだと思います。しかし、障害者たちだけで行うことに固執することはありません。むしろ、色々な方々が関わるなかで活動が進められ、広がっていくことが理想的な形なのだと思います。

私はパラリンピックに出場したアスリートの選手会である「日本パラリンピアンズ協会」の会長をさせていただいています。マレーシアでの活動、アジアパラリンピック委員会としての活動などを経験したことにより、国内のパラリンピアンの力を結集し、社会貢献活動などを行う団体の必要性を痛感し、二〇一〇年に法人格を取得しました。これまでに東日本大震災で被災された障害者アスリート、障害者スポーツ愛好家への募金活動を行ったり、障害者スポーツ教室やパラリンピアンによる講演会を行ったりしています。

最後になりますが、障害者だからこそ、非障害者に伝えられることがあります。それは障害者ゆえの苦悩、障害者ゆえの視点などです。これらがこれからの社会に有用なものとなるためにも、私たちは学び続けていくしかありません。一人の障害者の主観的な意見ではなく、客観的な考えをもち、発信していくことが大切です。

河合純一（かわい　じゅんいち）
一九七五年、静岡県生まれ。視覚障害（全盲）。早稲田大学教育学部卒、同大学院修了。静岡県公立中学校教諭、県教委指導主事を経て東大バリアフリー教育開発研究センター協力研究員。パラリンピックには、水泳競技でバルセロナから北京大会まで五大会連続出場、金五個を含め、二一個のメダルを獲得。社団法人日本パラリンピアンズ協会会長。二〇〇三年、半生が映画『夢追いかけて』として上映された。二〇〇六年、短期派遣でマレーシアにおける障害者水泳指導にあたる。特に視覚障害児の水泳指導に集中的に取り組んだ。

7

草の根支援を実感したボランティア派遣

——マレーシアでの指圧と鍼灸支援——

笹田三郎

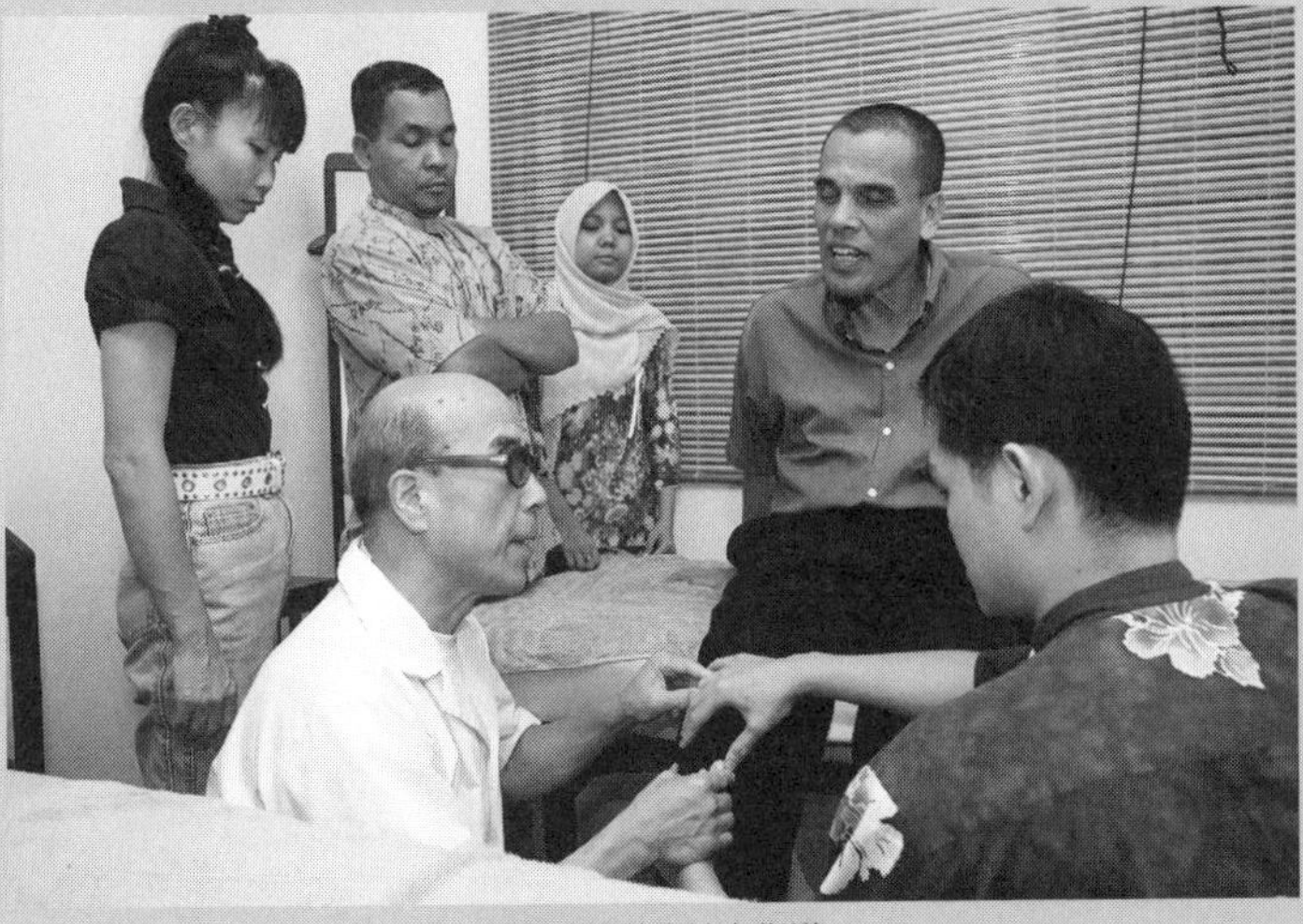

膝関節の診察法を指導

応募に至る経緯

私の派遣分野は視覚障害者に対しマッサージ・鍼灸を教えることで、現役時代の仕事の延長上の活動でもあります。日本では、この分野は数世紀に及ぶ伝統と改革を経てきました。しかし将来には閉塞感が感じられました。それは柔軟性のない複雑な法令や慣例などに由来しています。その閉塞感から抜け出したいとの思いもあり、JICAボランティアに応募しました。

六〇歳を過ぎ、公務員を定年退職した時点で行動を起こしました。周囲からは、非常勤講師として日本で働き続ける誘いもありましたが、五〇歳頃から抱いていた夢の実現を選びました。全盲ですから応募段階で、受け入れ体制がないなどと断られる可能性も考えていました。そのため情報不足と誤解に基づくバリアを解消すべく、一〇年ほど前から事前に準備を始めていました。外国の友人や関係者と交友関係の構築に心がけたり、全盲ボランティア受け入れをアドバイスすること、家庭では、妻に将来構想を語り、少しずつ理解を得るよう努めました。国際語としての英語学習は以前から心がけていました。幸いにもJICA本部とマレーシア事務所には障害当事者の長期派遣に踏み出す革新的な機運があり、私の夢は実現しました。関係者の皆さんに感謝です。

派遣前訓練

派遣前には、六五日間の合宿型の国内研修が福島県二本松訓練所でありました。一三〇余名の仲間と共にでしたが、訓練プログラムは私にはとても追いついていけません。視力があることを前提にテキパキと進行しますから、周りの足手まといになることは必至です。幸いＪＩＣＡ側の配慮で支援者をつけてくれました。当初の一カ月は男性Ａさん、二カ月目からは本書の執筆をしている佐藤さんで、いずれも協力隊と調整員の経験者で、彼らの献身的な支援にはボランティア精神を学ぶ機会ともなりました。佐藤さんはマレーシア語も堪能で、派遣当初一カ月間の支援もしていただきました。

話は前後しますが、派遣前訓練に先立って現地訪問したことも記しておきます。第一次選考結果で合格通知をもらった後、現地を訪問し、どのような職場か、その概要を下調べしていたことは安心感に繋がりました。これはＪＩＣＡの支援ではなく私の個人的な旅でした。この事前訪問は、派遣先で全盲ボランティアとして活動できるかどうかを自ら知る目的でした。私自身、受け入れ側の雰囲気を全身で感じ、不安を和らげたいと考えたからです。

派遣先と支援概要

派遣先は、まず二年間の長期がペナン島にある視覚障害者支援施設セントニコラスホームで、その後一〇カ月の短期派遣が首都クアラルンプールのマレーシア全国盲人協議会（ＮＣＢＭ）でした。両団体ともＮＧＯです。後者のＮＣＢＭの傘下には五団体あり、長期派遣先セントニコラスホームもその一つです。したがって二回の派遣には連続性と発展性がありました。

支援内容は、①視覚障害マッサージ師への技術支援、②訓練システムのレベルアップ支援、③視覚障害者の自立活動支援の三点です。とはいえ、「言うは易く行うは難し」です。人材育成には時間がかかります。振り返って成果を考えると、道半ばでして、今後も継続支援が必要だと考えています。

そもそもマレーシアでの視覚障害者へのマッサージ訓練やビジネスの歴史は四〇年と短いのです。周辺諸国も同じく歴史は浅く、法令も整備されていないようです。訓練も一年、時には半年で、リラクゼーション目的のマッサージを教えているに過ぎません。その中身は実技中心で、理論的・医学的授業はほとんどありません。ですから私の任務は明確です。意欲的なマレーシア人のパートナー探しと、彼らとのコラボレーションが成功の鍵です。しかし、大まかで大らかな雰囲気に流されて、支援活動の本筋を見失うことも多い日々でした。

長期派遣——成果と課題

ペナン島のセントニコラスホームでの支援の中心は、三名の教員と五名の専属マッサージ師への技術向上支援でした。彼らは施設の職員であり、なおかつ私の生徒でした。派遣四カ月後には付属マッサージセンターも正式に開設し、生徒に教える合間には、クライエント（顧客）の治療にも携わりました。クライエントでもあり患者でもある顧客からは学用患者としてベッドサイド

実技指導風景

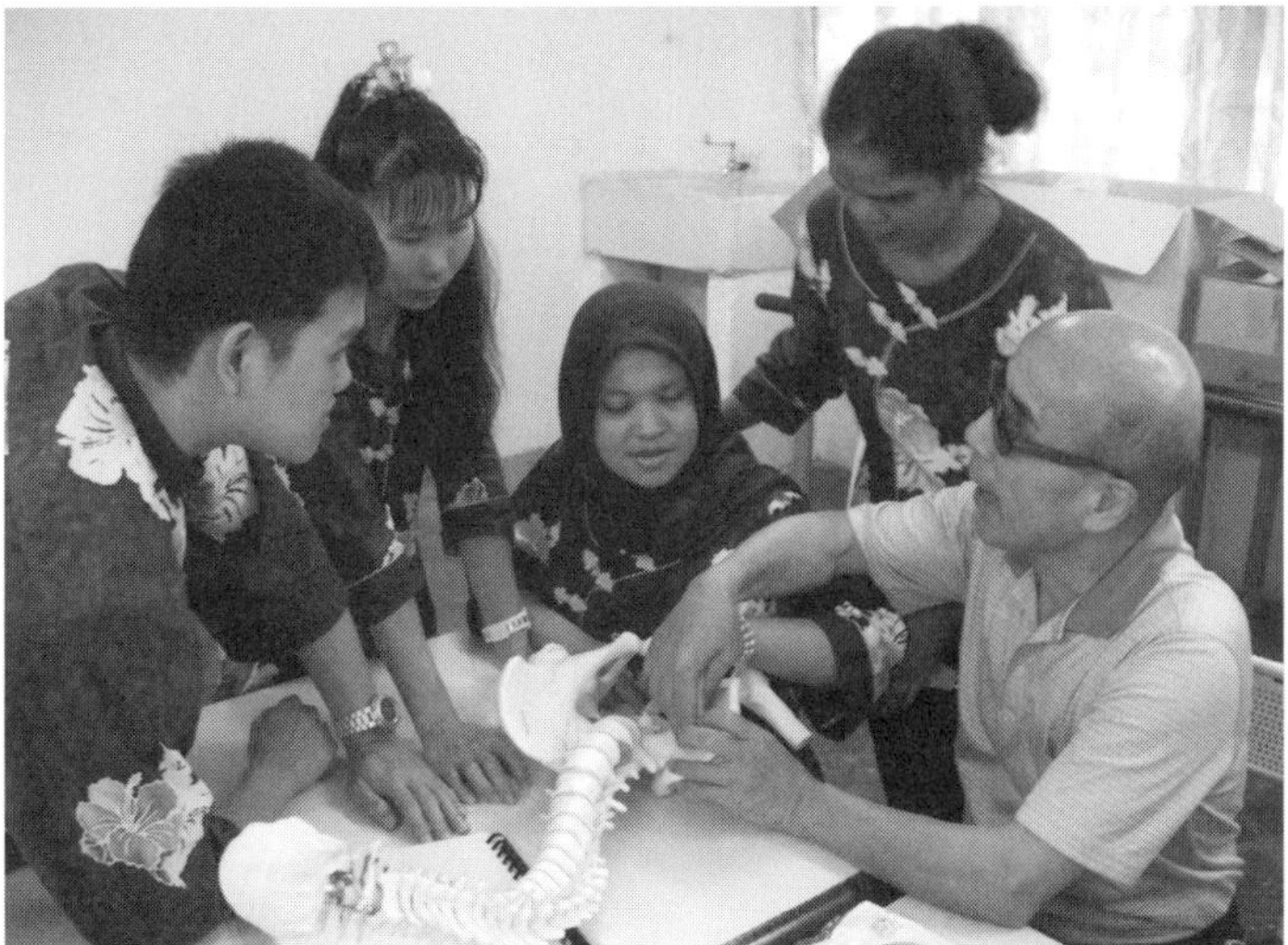

解剖模型を使用しての授業

での生徒指導にも協力が得られました。これは生徒たちとともに新しい訓練及び治療システムを構築する挑戦でもあり喜びでもありました。

生徒の中ですばらしい人材にも巡り会いました。教員Kさん、マッサージ師のWさんです。日本での教員経験と比較してもトップレベルの力量で、今後の活躍が楽しみです。Wさんは、その後、郷里に戻り教員として働いています。

一方、私の生徒であるスタッフにはいくつかの問題もありました。学びに意欲的でも神経系疾患で学習効果が上がらない教員Yさん、そもそも学びの意欲が感じられない教員Hさん、英語もマレーシア語も十分にできない中華系マッサージ師のOさんとLさんなど、支援活動は期待したようにははかどらない部分もありました。

派遣の半ば過ぎからは余裕もでき、外部の視覚障害マッサージ師を対象に実技セミナーも実施しました。

ところで海外で支援活動を実施する上で、その国の言語を習得することは重要です。実はそのバリアは外国人である私とマレーシア人の間にあるだけでなく、彼らの間にもあります。マレーシアでは共通語の普及は日本のように完全ではありません。前記の生徒のように基礎教育を受けていない障害者もいますから、マレーシア語を十分に使えない訓練生もいます。その点、セントニコラスホーム内で使用される言語には興味深いものがあります。多民族国家ならではです。施設内で日常的に四つの言語が飛び交っています。ペナン島は中華系、インド系人口が多いこと、施設がキリスト教系であることも影響しています。スタッフ間の共通語は英語、訓練生の間での共通語はマレーシア語、そしてインド系同士ならタミール語が、中華系同士なら福建語や北京語が使われるといった具合です。二言語以上使いこなす人も多くいまして、彼らは私の通訳もしてくれました。マレーシアのNGOでは多くの場合、スタッフ間のコミュニケーションは英語で、訓練生に対してはマレーシア語でと、言語が複雑に交錯しています。ですから、派遣前語学訓練がマレーシア語であったことに納得がいきました。

短期派遣――草の根支援を実感して

長期派遣に引き続いての短期派遣先は首都クアラルンプールにあるNCBMです。職場は首都の中でも下町、ブリックフィールズにあります。この地域は視覚障害者が集中して暮らし、働くエリアです。日本でいえば、点字図書館など視覚障害者のための機関が多い東京の高田馬場周辺のごとくです。

ブリックフィールズには視覚障害者団体が三つあり、いずれも全国規模で活動していま

ブリックフィールズの点字ブロックと筆者

す。また、盲人たちが多く働く「ブラインドマッサージセンター」、つまりマッサージ店が二二カ所も集中してあります。歩道には点字ブロック、一部には雨よけのひさし、そして横断歩道には音響信号も付設されています。マレーシアでは短時間ですが猛烈な雨が降るため、道路際に深い側溝があります、そしてペナンなどでは蓋がないので盲人にはとても怖いものですが、ブリックフィールズでは側溝に蓋があります。

南国特有の軽食堂は、ドアもなければ壁もなく開放的です。歩道と店の境はありません。夕方になると歩道にテーブルと椅子を置いています。座っていると、白杖を突く足音がしばしば聞こえます。街の人々も支援に手馴れています。何か懐かしいような親近感を覚える場面です。東京に比べれば障害物も多く、

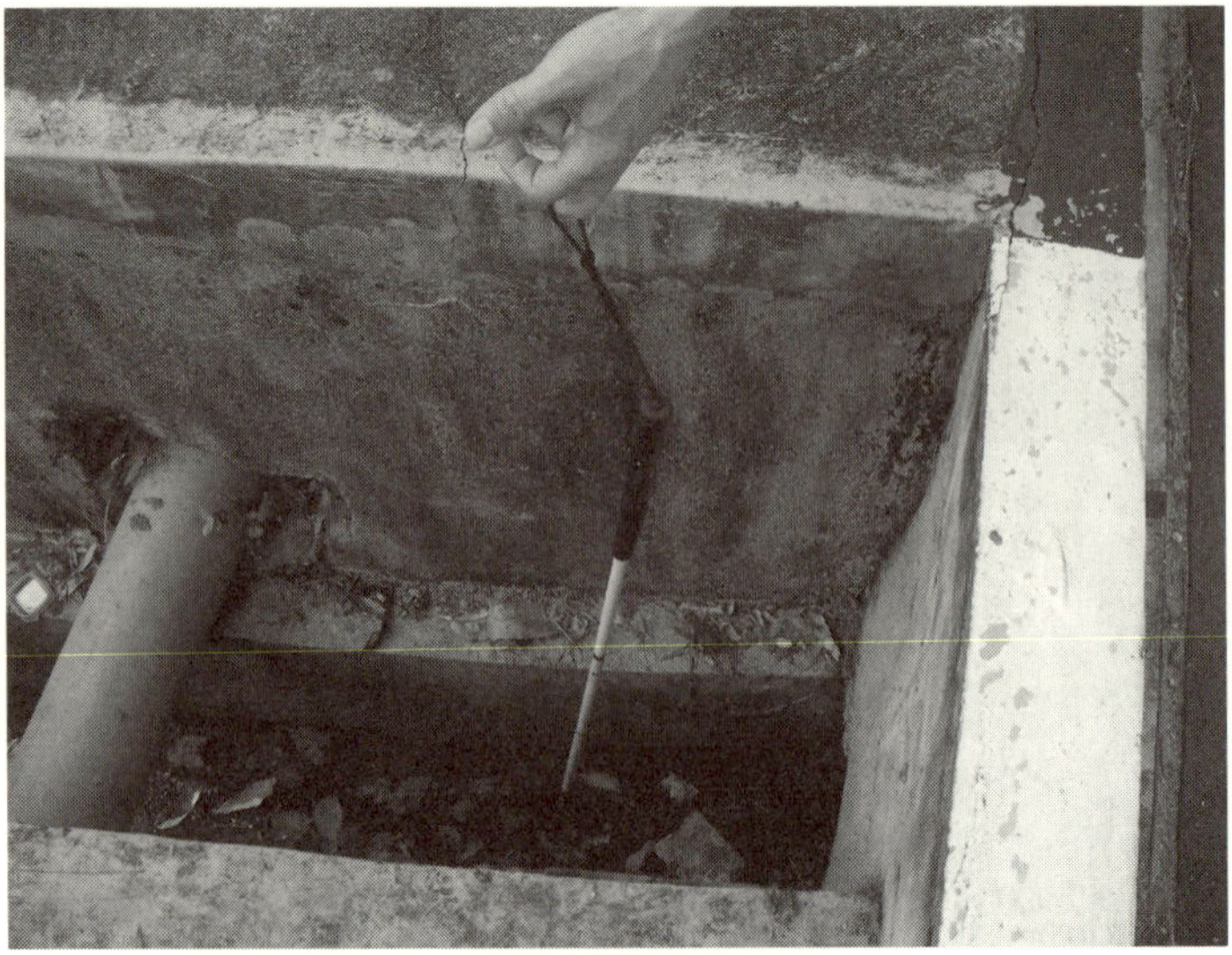

ペナン島、道路際の側溝の深さは 1.3m 以上も

彼らの逞しさを感じます。

　このようなブリックフィールズで、私は盲人マッサージ師の希望者に対してスキルアップのための個人レッスンを実施しました（扉写真）。予約制で午前、午後、あるいは夕方の三コマをレッスンとして用意しました。彼らは事前予約制でＮＣＢＭにある私の事務所兼実技教室に来ます。既に働いているマッサージ師たちなので、彼らには学びたい具体的なニーズがあります。例えば、効果的な手技、具体的症状に応じた治療法、顧客に満足してもらい、リピーターとして再度来てもらえる技術と知識を得たいということです。それに対して私が実技と理論的背景を教えるものです。これは効果的でした。一～三名と少人数での授業ですが、対話形式で質疑応答もあり、彼らとの共鳴、共感が得られました。

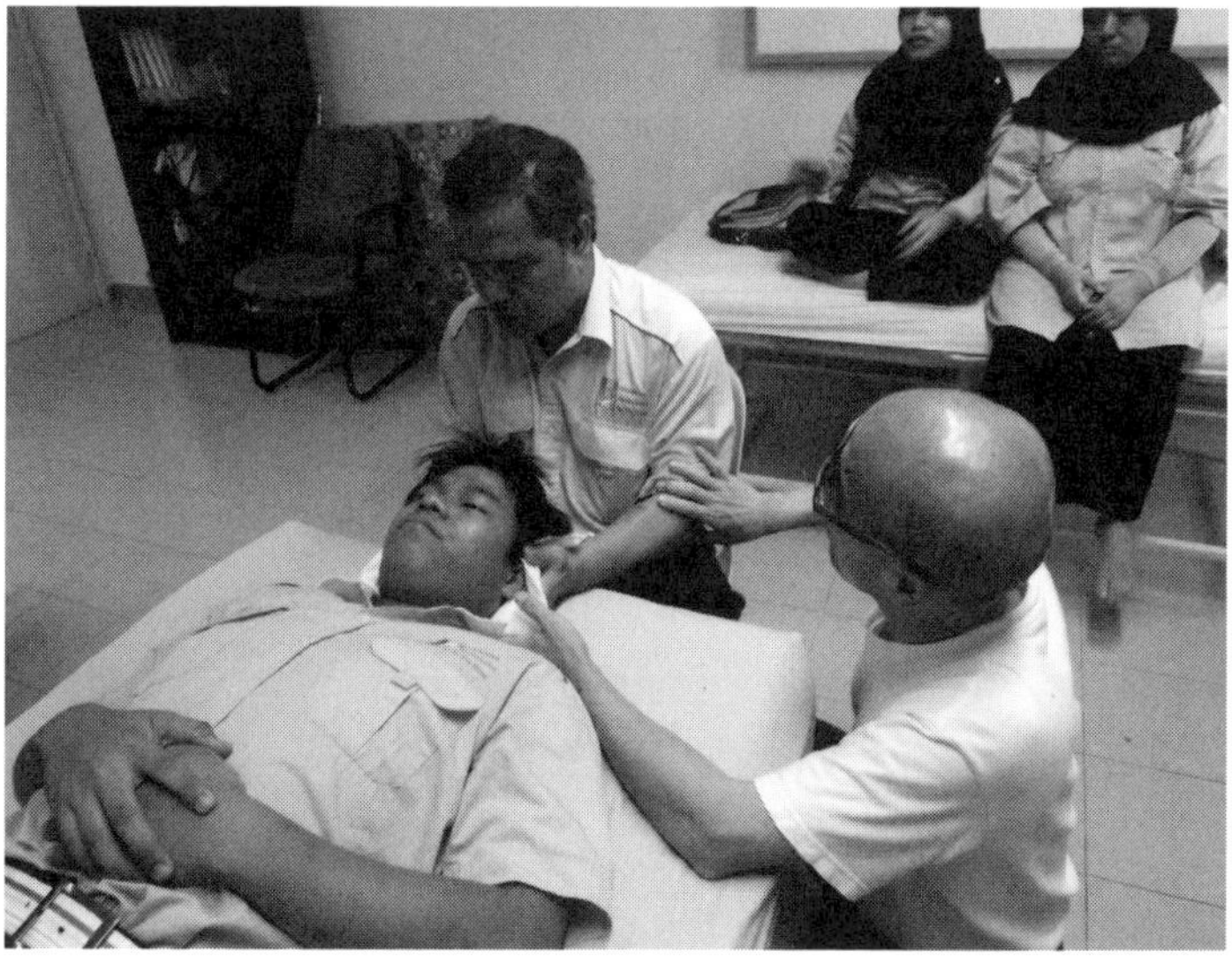

指圧指導風景

授業は毎回六〇〇円相当の授業料をもらいます。収益は私の派遣先への寄付となります。そして彼らは次回レッスンを予約し、継続して学びに来ます。このレッスンは修了証書を得るためでもなく、誰かに命じられてでもなく、彼らが自発的に学びに来るものです。少額ながら授業料を支払うのは彼らの意欲の証です。動機付けは明確です。学びへの意欲が伝わってきます。授業中の彼らからの質問が的を射ているのでわかります。私も学びがあり、やりがいがありました。少し大げさに言えば真剣勝負です。打てば響くので教えていても楽しいことが多いのです。これこそが「草の根支援」なのではないかと思いました。

マレーシア社会の特徴——外国人労働力とブミプトラ

日々の支援活動をするうえで、背後で影響を及ぼしているマレーシア独特の政治・社会体制として二つ記してみます。短期間の滞在では気づかない部分ですが、長期滞在で次第に感じられる背後関係です。

一つ目は外国人マッサージ師との競争です。マレーシアは単純労働を途上国からの出稼ぎに依存しています。マッサージ業界も同じです。インドネシア、中国、タイ等、さまざまな国の人が働いています。正規の手続きで働いている人と同程度に違法滞在者もいますから、全労働人口の二割にも達していると言われています。典型的な例を挙げれば、経済は好調で、ショッピングモールの中のマッサージ店で働く外国人が客を奪い、ブリックフィールズの盲人マッサージ店は顧客が減少したまま戻りません。一昔前を知っている熟年の盲人マッサージ師たちは顧客を待ちつつそれを嘆いていました。経済効率を優先し外国人の低賃金労働に頼ることは、作業効率では劣る障害者の就労機会を狭めることになります。

二つ目の課題ですが、マレーシア独特の政策として「ブミプトラ」と言われるマレー系と先住民族への優遇政策があります。ブミプトラとされる民族に、公的住宅入居や国立大学の入学、また公務員採用時の優先枠などが与えられています。マレーシアで役所を訪問するとほとんどのスタッフがマレー系（ボルネオ島ならば先住民族も含めてですが）であることに気づきます。ジョホール州の例では九八・五％の職員がマレー系なのですが、住民に占める割合は五四％に過ぎません（出典：マレーシア・キニ）。障害者への社会福祉サービスで公には民族間に差別はないのですが、間接的には存在することを否定できません。四〇年前には相対的に貧しく弱者であったブミプトラ対象者ですが、バラ撒き型福祉の弊害が生じているとも言われています。

私の個人的な印象に過ぎませんが、マレー系はその気質が元来「大らか、大まか、社交的」ですから、勤勉とか計画性には欠ける傾向があります。したがって批判的に言えば怠惰な仕事ぶりが散見されます。とはいえ人の生き方に多様性があるのも魅力です。大らかで和やかなマレー人にもすばらしい面があります。一方、ブミプトラで優先権を持たない中国系、インド系には閉塞感があり、ハングリー精神を感じます。私が支援してきた障害者においても、同じ傾向が感じられます。繊細な事柄で個人差もありますから画一的な決めつけはできませんが、多民族国家マレーシアを理解する上で重要な一面だと思います。

支援活動とジレンマ

話は前後しますが、長期派遣の途中からジレンマを感じるようになりました。支援活動にやりがいはあるのですが、その背後の基盤整備がないために、砂上の楼閣を作っているような気持ちになるからです。例えば、組織運営でトップダウン方式が強く、ボトムアップが乏しいことです。現場職員からの意見が吸い上げられないことや、管理運営の面で客観的な評価がなされていないこと等です。訓練部長や施設長とも意見交換をしましたが、改革は容易ではありません。時間がかかるでしょう。話し合いはいつも友好的な雰囲気でしたが、長年の慣習もあり、一ボランティアの力では越え難い高いバリアです。そのような事情から私の活動もしっかりと定着せず、派遣終了後に消滅するのではないかとの不安も抱えていました。そして効果的に支援活動を実践するには、人材と予算に制約の多い地方の一施設ではなく、首都クアラルンプールでより自由度のある広域にわたる支援活動をしたいと思うようになりました。

そもそもマレーシアは中央集権国家で、首都クアラルンプールに権限や情報が集中しています。視覚障害者のマッサージ訓練とビジネスにおいても、クアラルンプールは先進的で中心的な地域であり、多くの人材との出会いが期待できます。幸い、その願いはかない、首都クアラルンプールにあるＮＣＢＭへの短期派遣に繋がりました。そしてペナンでの長期派遣から帰国した四カ月後に、再度派遣となりました。

当事者として得たもの――手は口ほどにものを言う

海外での支援活動を経験して、指圧と鍼灸における「手によるコミュニケーション」の大切なことを確認できました。私たち視覚障害者は目線で合図を送ったりできません。しかし、「手によるコミュニケーション」には大きな可能性があります。このことは世界中どこでも通用するコミュニケーションです。それもクライエントの身体と直接対話ができるすばらしい技術です。

マレーシアでの二年八カ月から多くの学びを得ました。これからの人生に明確な目標ができ、やりがいと確信がもてるようになりました。支援活動と書いてきましたが、実際、それがうまくいけば支援と言うよりコラボレーションです。生徒や現地スタッフとの共鳴、共感を得る場面では達成感を感じます。私が障害当事者であることは、しばしば不自由ですが、優位点もありそうです。障害をもつ彼らと同じ目線が自然に得られることです。上から見下ろすのではなく同じ目線での支援活動、それがコラボレーションに繋がるように思います。

マレーシアは多文化、多民族、多宗教社会です。一見したところでは民族を超えて仲良く折り合っているように見える彼らですが、互いの心の間にはバリアが感じられることもあります。その点、視覚障害という共通の特性は時に強い絆を得ることもあります。民族を超えてです。それは同じ不自由さ（経験や体験）を共有しているからかもしれません。

終わりに

長期と短期、二度の派遣を終了して数カ月後ですが、個人的に訪問しフォローアップ支援をしています。現在はそのプロセスの最中です。海外での支援活動は、私が健康である限りライフワークなのです。そして私の教えた技術は先輩から後輩へとマッサージ師間で受け継がれていることを知り、うれしく思うとともに達成感を感じることができました。

派遣終了後の今思うことですが、三年前に比べ肉体的には衰えを感じますが、精神的には若返った感があります。いろいろな想定外の場面でも、より客観的、大局的に対応できるように成長したと感じています。還暦を過ぎてからの成長ですが、これは「大器晩成」でしょうか、それとも「幻想に過ぎない」のでしょうか（？）

サバ州、サンダカン、生徒とともに午後のお茶

笹田三郎（ささだ　さぶろう）

一九四七年一月生まれ。全盲。マッサージ・鍼灸を学び、教員養成校を経て、国立施設で教官（三一年間）。二〇〇七年定年退職し、念願だったＪＩＣＡシニアボランティアに応募。重度障害当事者の長期派遣は前例がなく、ＪＩＣＡの柔軟な対応で実現。派遣国はマレーシアで、二〇〇八年から二年間の長期、四カ月後に一〇カ月の短期と、二回経験。分野は鍼灸マッサージ支援。海外での活動経験は一九八五年、英国で三カ月。国際会議での発表は隔年で実技交流。また、二〇〇五年にはカンボジア盲人協会への支援で四〇日間滞在。

8

手話を通してろう者のアイデンティティ確立にピアとして関わる

赤堀仁美

マレーシアろうあ連盟事務所にて

手話は言語である

私はろうの両親から生まれたろう者です。いわゆるデフ・ファミリーの出身です。生まれたときから手話の環境で育ち、現在にいたるまで、子どもから高齢のろう者まで、また様々な地域の手話表現にも接してきました。

最近、手話通訳がつくテレビ放送が増えているので手話が身近なものになってきていますが、手話には大きく分けて二つあります。一つは、ろう者同士のコミュニティであるろう社会で使われている手話で、日本語と異なる文法構造をもつ「日本手話」です。もう一つは、手話サークルなどのボランティア活動を通じて普及した日本語の文章を日本語文法に合わせて手指で表す「日本語対応手話」です。日本手話はろう社会で発達した自然言語で、ろう社会の中で使用されてきたものです。私がＮＨＫの「手話ニュース」で使っている手話は、もちろん日本手話です。手話がわからない人は音声や字幕がついているのですから、ろう者にニュース内容がわかるように常に日本手話で伝えています。日本手話は私の母語なのです。

日本語対応手話は否定はしませんが、伝えたいことを時々勘違いされたり、手話語彙の意味のズレが生じたりします。日本手話と日本語をベースとした対応手話とでは、思考方法が違うのです。ろう者は夢の中でも手話で寝言を言うわけで、寝ながら手を動かします。よく勘違いされますが、英語手話というのもありません。アメリカにはアメリカ手話が、イギリスにはイギリス手話があります。これもつまり、英語という音声言語に対応して手話があるのではなく、それぞれの地域や文化を背景に手話が言語として確立されていったからです。ですので、手話にも方言はあるんですよ。

長年、日本のろう学校では発声と読唇を強制的に訓練させる口話主義の教育が行われており、私もろう学校に入ったときからずっとその教育を受けました。手話の使用が禁止されていたので、先生の目を盗んで生徒同士は手話でこそこそ話をしていました。どうして先生たちは「声を出しなさい」と私たちに学ばせたがるのか、疑問をもちながら、一生懸命に聴者に〝近づけるよう〟努力をさせられました。そうした経験が実践的な日本語力には結びつかず、多くのろう者にとっては、学校で強制される口話は社会で通用するものとはならず、口話訓練の効果はないと言えます。

口話主義は、ろう者が障害者であるとの認識から、多数派の聴者の言語にろう者を同化させようという働きかけであり、それはろう者にとっての母語である日本手話が否定される過程であるとも言えます。日本だけではなく他の国でも、多くのろう者が授業で口話訓練をたたき込まれた経験をもっているようです。

一九六〇年代、世界唯一のろう学生のための教養課程があるギャローデット大学において、アメリカ手話は英語とは別の言語であり、独自の文法体系をもっていることが発見されました。そして、日本では、木村晴美氏と市田泰弘氏の「ろう文化宣言」によって、はじめてろう者の言語は手話であるということ、ろう者は障害者ではなく文化的マイノリティであることの意味が広く知られるようになりました。当時、私は高校を卒業して上京してきた頃でした。私は小さいときから聴者とろう者とは違うことを認識していたので、その宣言はすんなりと理解できたのです。さらに、アメリカのギャローデット大学に短期留学し、やはり「ろう者は二つの文化をもち、手話は言語である」ということを再確認することができました。しかし、日本では、日本手話の研究が進んでいなかったため、日本手話がどのようなものであるか把握するために、ろう者の福祉や教育などに役立つ研究をやりたいと考えました。

帰国後、木村晴美氏に手話研究を紹介してもらい、国立身体障害者リハビリテーションセンター研究所の日本手話研究チームに所属し、ろう社会で使われている日本手話の研究をしてきました。一五年以上日本手話教師として手話に関する活動を展開し、現在、学校法人明晴学園で、「手話」という教科でろう児に言語学的知識やろう文化などを教えています。

なぜボランティアになったのか

小さい頃は「ボーイスカウト」に憧れていました。耳が聞こえない私に接するために手話を覚えてもらい、一緒に遊んだ記憶があります。つまり、その子たちはボランティアとして参加したことになるのでしょう。逆に、高校のときに老人ホームでボランティア活動をしたことがあります。その経験だけでなく、インドネシアに孤独なろう者がいたこと、アフリカやアジアで支援活動をしているヨーロッパのろう者に出会ったことなどから、私は影響を受けていました。一五年以上手話指導の仕事に携わってきましたが、ボランティアに応募した直接のきっかけは、日本手話教育研究大会でＪＩＣＡのお話を伺ったことでした。また、手話研究や途上国への活動をしている森壮也氏（アジア経済研究所）にも相談にのっていただきました。

実は、電車の中で「青年海外協力隊員募集」の中吊りポスターをよく見ていました。実際になるための下調べもしたことがあります。ろう学校で何かを支援したいなあと考え、雑誌などを探したり外国に詳しい友人に話を聞いたりしたのですが、ろう学校で支援をする場合には、教員免許を持っていて指導経験が三年以上でないとだめだとわかり、断念しました。夢のままで終わるのかなあと思いながら、ポスターをながめつつＯＬとして通勤していました。今回の「ろう者で手話指導者の育成ができる人」という協力隊員募集の話を聞いたときに、募集されている内容、求められているものが自分にぴったりだと思い、すぐに申し込みました。ろう者として参加するということに大きな魅力を感じたからです。

マレーシアの手話指導者養成の第一歩

マレーシア手話と日本手話は異なりますが、ろう者の世界ということでは、共通しています。マレーシア手話はアメリカ手話に少し似ていました。それはおそらく、過去にアメリカのろう学校の先生がマレーシアに渡ってろう教育を行った歴史と関係しているのでしょう。ちなみに日本手話は韓国手話や台湾手話と似ているところもあります。これは、歴史的に日本が植民地支配をしていたこともあり、相手国の言語コミュニティを崩した言語侵略の証拠とも言えるのかもしれません。

私はアメリカ手話も使えるのですが、マレーシアでは自分がもっている手話（母語）をもとに新しく手話をつくったり、お互いに知っている手話を引用しながらやりとりしました。外国のろう者との交流経験があり、少しの会話ができれば、その国の手話を知らないろう者でも、数日あれば複雑なコミュニケーションがとれるようになるのです。こういう現象は聴者からみると不思議に思われるかもしれませんが、これは自然に生まれる「国際手話」と言われるもので、これを使うことでマレーシアと日本のろう者間のコミュニケーションの齟齬はほぼなくなります。しかし、ＪＩＣＡのマレーシア事務所のほうはみなさん聴者ですので、同行した手話通訳者を介して、または筆談でやりとりをしました。

私が依頼された仕事は、手話指導者を養成するための指導でした。マレーシアの配属先は手話通訳者を増やしたいと考えていましたが、指導ができるろう者がまだまだ少なく、手話指導教授法についての知識もほとんどなかったので、ゼロからの講師養成に関わりました。言語が異なっていても手話の教え方は基本的に日本と同じです。しかし、天気を話題に入れるとしたら、気づくことはありませんか。暖かい国では天候が違います。宗教も違うので手話を教えるにあたっては考慮しなければなりません。例えば日本でも外国人が日本語を学んでいますが、日本人だから

手話指導者の養成講座

手話指導の方法を身につけたろうマレーシア人講師の模擬授業

といって誰でも日本語が教えられるわけではありません。きちんとした教授法を習得しなくてはなりません。そういったところから指導しました。着任してから多忙な日々が続き、あっという間に一カ月が終わってしまったという印象です。

マレーシアで学んだこと

日本とマレーシアで一つ違うなと思ったのは、時間の感覚でした。聴者、ろう者ということではなく日本の場合は仕事に追われて時間の流れが速いですが、マレーシアではとてものんびりしていました。また、マレーシアには海外旅行で三回も来ていたのですが、ボランティアとして現地の人と一緒に生活することで、旅行者としては気づかなかった文化や生活、イスラム教などの宗教面の違いと、そういう違いを尊重していくことがボランティアとしての活動においては重要だということも体感できました。

最初の頃はやるべきことが終わらず、仕事が滞り、困ることがありましたが、仕事のやり方を途中から切り替えて、少しずつ指示を出すようにしました。また、聴者の通訳候補に対しては、相手に伝わるように配慮し、コミュニケーション能力が高いろう者に通訳をお願いしたり、自分がマレーシア手話を覚えるように努力したりもしました。でも、結局予定したところまでは進めずに任期が終わってしまったため、残りの部分は後任の方に託して続きをお願いしました。

この活動期間中、一度だけマレーシアのろう学校に見学に行くことができました。ろう学校では口話教育は日本ほど厳しく行われておらず、その意味では、逆に日本よりも幸せなのではないかと感じました。教育がまだまだ行き届いていないところもありますが、ろうの子どもたちはとてものびのびしているようにも感じました。

他方で、マレーシア手話にはアメリカ手話が混在し、アメリカ手話の影響も強いため、若いろう者の間ではマレーシア手話よりもアメリカ手話のほうが好まれる傾向もでているようです。これに対して、マレーシアろうあ連盟は、アメリカ手話ではなく、マレーシア手話をしっかりと確立しなくてはいけないと、その立場を明確に示しています。

このマレーシアでの経験は、わたしにとっても改めて言語としての手話を確立し守っていくことの大事さ、そして、それに関わることのやりがいを感じさせてくれました。

ピア・ボランティアの意義

マレーシアでのボランティアがきっかけとなり、二〇〇八年から三年間、ＪＩＣＡがミャンマーで実施してきた「ミャンマー社会福祉行政官育成プロジェクト」において、手話文法の会話教材を作成するための短期専門家として関

マレーシアのケンタッキーフライドチキンで働くろう者

ミャンマーでの手話会話教材制作プロジェクト

わることになりました。ここでもまた、ろう者が自分たちの言語であるミャンマー手話を確立していく過程に関わることができました。

プロジェクトが始まった当初、ろう者のプロジェクトメンバーにはやる気があまりみられず、聴者がろう者に怒鳴ってばかりということもありました。ろう者自身が積極的ではないことに、私自身も歯がゆい思いもしました。しかし、プロジェクトが進むにつれ、手話が自分たちの言語であり、自分たちがそれを確立していく役割を担っているのだという自覚が強まるにつれ、ろう者メンバーのやる気も、そして自信も、大きな変化を見せました。プロジェクトが終了するときには、ろう者が手話で自由に語れるコミュニティとしての場の重要性や、手話を言語として啓発していくための取り組みの重要性など、彼ら自身が分析し、そのための活動計画を立てていくまでになりました。この変化は、手話を自分たちの言語として確立していく過程が、自分たちのアイデンティティと自信の確立と重なるプロセスだったからだと思います。

視覚言語としての手話

手話は音声によらない言語であり、日本語、ミャンマー語、マレーシア語、英語などはみな音声言語の仲間ですが、手話はまったく別の種類の言語です。ジェスチャーとも違います。世界の様々な地域で発生した自然言語である手話は、非手指動作（NMS）や文法などがあります。それは、頭の動き、眉・目・口・顎の動き、視線、上体の動きなどからなるものです。

私は現地でミャンマー手話が重要な役割を果たしていることがわかり、手話語彙（類義語・対義語など）についても関心をもつようになった経過があります。そういった手話文法があることで、ろう者と聴者間の十分なコミュニケーションの一助になることも期待されます。

ろう者としてのアイデンティティとエンパワメント

ろう者がろう者らしく生きるためには、手話は言語であるという自覚をもち、ろう者としての誇りをもつことが必要です。私にできるのは、手話がろう者にとってかけがえのない財産であるという気づきを与えることです。それが同じろう者としての役割であると感じています。その後、教育や職業などを援助していくような広がりで活動しやすくなると思います。

今回、実際に関わるなかで、手話指導技術や言語学的知識を教える前と後では学習者の態度が変わり、社会に出て手話指導活動をしようというろう者が出てきています。手話通訳者もプロを目指し、ろう者が前向きに評価しながら手話通訳者を育成する道をつなげていくように協力することが重要です。

ろう学校への支援について、補聴器をあげれば喜ぶだろうと思っている聞こえる側からの支援が多いように感じますが、もう少し教育面を重視していけたらと思います。手話を教えるのみならず、手話通訳者を介して農業を受け継ぐために学ばせるとか、日本ではろう弁護士も薬剤師もいますから、さまざまな分野からの社会貢献活動が、今後期待されるのではないかと思います。

しかし、ろう者は聞こえないということを理由に、社会の中で対等に扱われないことがあります。日本の場合は、ろう者が自立して社会の中で聴者と対等に生きていく、そういう社会が実現しつつありますが、途上国ではまだそういったことができていません。社会の中でろう者が自立して生きていくことの前提には、まずろう者自身が音声言語ではなく手話という言語に自信をもつこと、そのためにはろう学校での乳幼児期からの教育が欠かせないと思います。そういう意味では、聴者とは異なるろう者の価値観を共有するロールモデルを、我々が果たすことが大事ではないかと思います。特にろうの子どもたちにとっては、自立したろう者のロールモデルという存在は欠かせません。

日本で唯一の手話の学校「明晴学園」とのつながり

日本では、耳が聞こえなくても特別な教育をするのではなく、自然な形で言葉を習得し、聞こえる子どもと同じように言語能力と思考能力を獲得することが「手話」という環境の中でできることを示した「手話の学校」が一つできました。それは二〇〇八年に設立された学校法人明晴学園です。残念ながら、手話教育を中心に行う学校のほとんどは欧米の先進国に限られますが、日本でもようやく口話主義から解放される第一歩が踏み出せたと言えるでしょう。明晴学園では、いろいろな支援などの活動を通じて、世界中につながりがあります。たとえば、経済活動の教育の一環として、学校の廊下で子どもたちが商店街をつくったり、文化祭で模擬店でわたあめなどを販売したりして儲けたお金をどこに寄付したらよいかを子どもたちが話し合って決め、その結果、フィジーとスリランカのろう学校に寄付をすることになりました。また、ミャンマーやスリランカなどのろう者を実習生として学校に受け入れています。

手話が言語として確立することが、ろう者の自信と平等な社会参加につながる。私は、手話を媒介に、途上国のろう者が積極的に社会に参加し、自己実現に必要な力を可能な限り発揮できるように、彼らの経験から学び、生きる力を身につけていくことをこれからも応援し関わっていきたいと思っています。

赤堀仁美（あかほり　ひとみ）
一九七二年生まれ。ろうの両親から生まれたろう者。静岡県立沼津ろう学校普通科卒業、株式会社NECソフトウェアなど一般企業を経て、アメリカのギャローデット大学短期留学。二〇〇六年、青年海外協力隊員としてマレーシアに短期派遣。二〇〇八年～二〇一〇年、JICA短期専門家としてミャンマーに派遣。現在、NPO法人手話教師センター理事兼手話教師、学校法人明晴学園手話科主任、東京大学非常勤講師、NHK手話ニュースキャスター。

9

ピア・ボランティアをめざして

曽田夏記

ルワンダの障害当事者リーダーたちと

「可能性が閉ざされていく」という絶望感

二〇〇五年、二〇歳のとき、私は股関節の強い痛みに襲われるようになりました。歩けなくなるほどの痛みに不安を覚えて病院に行ったところ、変形性股関節症という進行性の病気であることを告げられました。二回の手術後も、なぜか痛みは残りました。今は、痛みを和らげ、病気の進行を抑えるため、杖を使って生活しています。

私は、手術をすれば、歩くことも走ることもまたできるようになるのだと思い込んでいました。女子サッカーに打ち込んでいた私は、ボールを蹴るどころか、まともに歩くことすらできない現実にショックを受けました。

一番辛かったのは、「自分の可能性が閉ざされていく」という絶望感でした。忘れられないできごとがあります。それは、「途上国で働きたい」という希望を、医師に打ち明けてみたときのことです。医師からは、「一般事務など足に負担のない職業を選びなさい」と即答されました。その場では「わかりました」と応えましたが、病院の外に出た途端、悔しくて涙があふれました。私の人生を、なぜ他人に決められなければいけないのか。それは、味わったことのない、やりきれなさでした。

母に対する喪失感とモンゴルでの孤児院ボランティア

国際協力の仕事を志したきっかけは、病気になる一年前、一九歳のときに参加したモンゴルの孤児院での短期ボランティアでした。わざわざ「孤児院」での活動を選んだ背景には、その半年前に脳出血で倒れた母への喪失感がありました。母は奇跡的に意識を回復したものの、重い脳機能障害が残りました。「もう私が知っているお母さんには、二度と会えない」。目の前で生きている母に悪いとわかってはいても、強い喪失感は消えませんでした。

モンゴルの孤児院での短期ボランティア募集を知ったのは、ちょうどその頃でした。高校生の頃、テレビの影響を受けて「孤児院でボランティアをしてみたい」と母に相談し、厳しく叱られた一件を思い出しました。三歳で実父を亡くしていた母は、「あなたに親のいない子の気持ちなんてわかるわけない」と本気で怒りはじめ、「夏ちゃんにボランティアの資格はないよ」と、私の幼稚な申し出をピシャリと却下しました。

私は、モンゴルに行ってみることにしました。「今の私なら、孤児の子どもの気持ちが少しだけわかるかもしれない」。喪失感の中で、そんな思いがどこかにあったのだと思います。

四〇名近くが暮らす孤児院で、私はバギーという女の子と出会いました。ある日、バギーに「ナツキの家族の写真を見せて」と突然頼まれ、ポシェットに入れていた母の写真を見せました。一三歳私は、母が病気になってしまい会えなくて寂しいことだけを簡単な英語で説明しました。そのバギーが真剣な表情で聞いてくれていたことを、今でもよく覚えています。そのでき事があってから、バギーは「ナツキと一緒がいい！」と、なぜかいつも私を「指名」するようになりました。

バギーの気持ちは、バギーにしかわからない。母に釘を刺された一件がいつも心の中にありました。その前提に立った上で、「少しでも理解してあげられたら」という共感への強い意志をもつこと。徹底して時間と場所を共有し、相手に寄り添うこと。バギーとの関わりのなかで、私は国際協力やボランティアが、他者に対する謙虚な努力の積み重ねであることを学びました。「こんなことを仕事にしてみたい」。当時の日記には、そんな言葉が並ぶようになっていました。

JICA職員への道——「国際協力」×「障害者支援」という目標を得て

「国際協力の仕事に就く」という目標を得た私は、ケニアで短期ボランティアをしたり、アフリカ支援のNGOでインターンを始めたりと、再び積極的に動き回るようになりました。母に対する悲しみも、目標に向かって努力する日々の中で少しずつ癒えていきました。

病気の宣告は、その矢先のことでした。母のこともあり自分の感情を出さないようにしていたので、当時の気持ちはあまり思い出せません。気がつくと、手術、入院生活に突入していました。

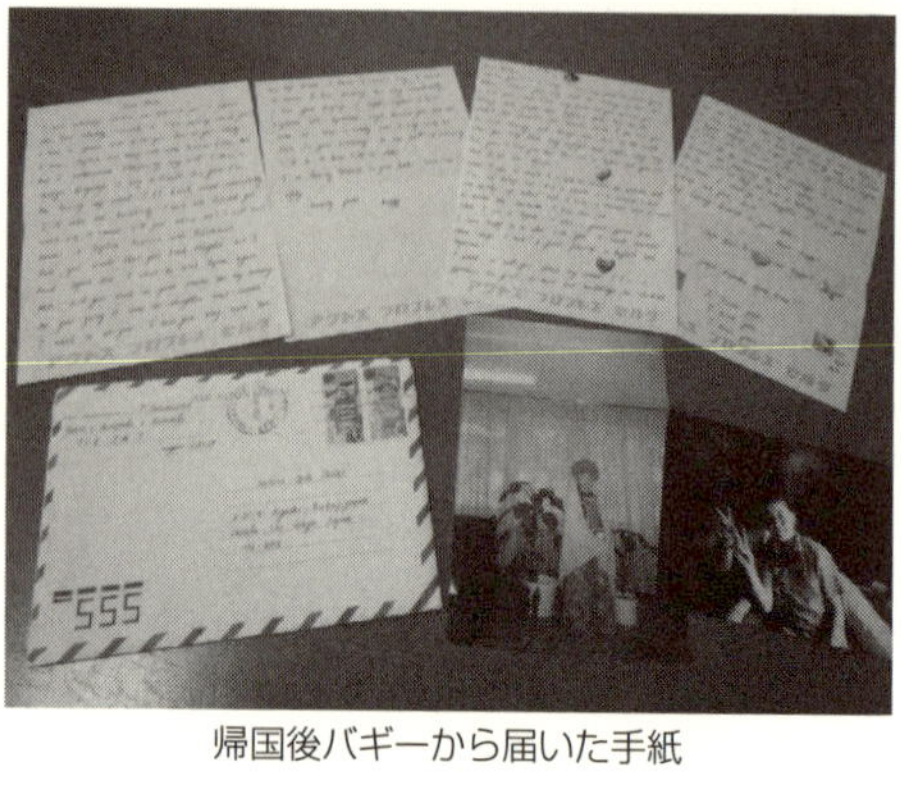

帰国後バギーから届いた手紙

一回目の手術後、私はＪＩＣＡのホームページで見つけた途上国の障害者支援に関する公開セミナーに参加しました。この時初めて、「国際協力」と「障害者支援」が交わる分野があることを知りました。その二カ月後には、セミナーで紹介された障害者支援プロジェクトを見学してみたいとＪＩＣＡにお願いし、一人でマレーシアを訪問しました。

今思えば、私は「前向きな自分」を表現しようと必死だったのかもしれません。母に対する悲しみを国際協力という夢につなげたモンゴルでの経験が、逆に「障害を負った経験も、プラスに活かしていかなければならない」という足かせになっていました。だからこそ、「〝障害〟を負った自分が、途上国の障害者を支援する」という将来像に、当時の私は飛びついたのだと思います。

強迫観念から創りあげた目標は、当然、私を苦しめただけでした。二回目の手術から半年後、「アフリカの障害者支援に携わるための語学力を……」と勇んでフランスに留学したところで、心も身体も限界を迎えました。一時帰国中、国際協力の仕事に就く可能性を医師に否定されたことをきっかけに、私の心は急速に落ち込んでい

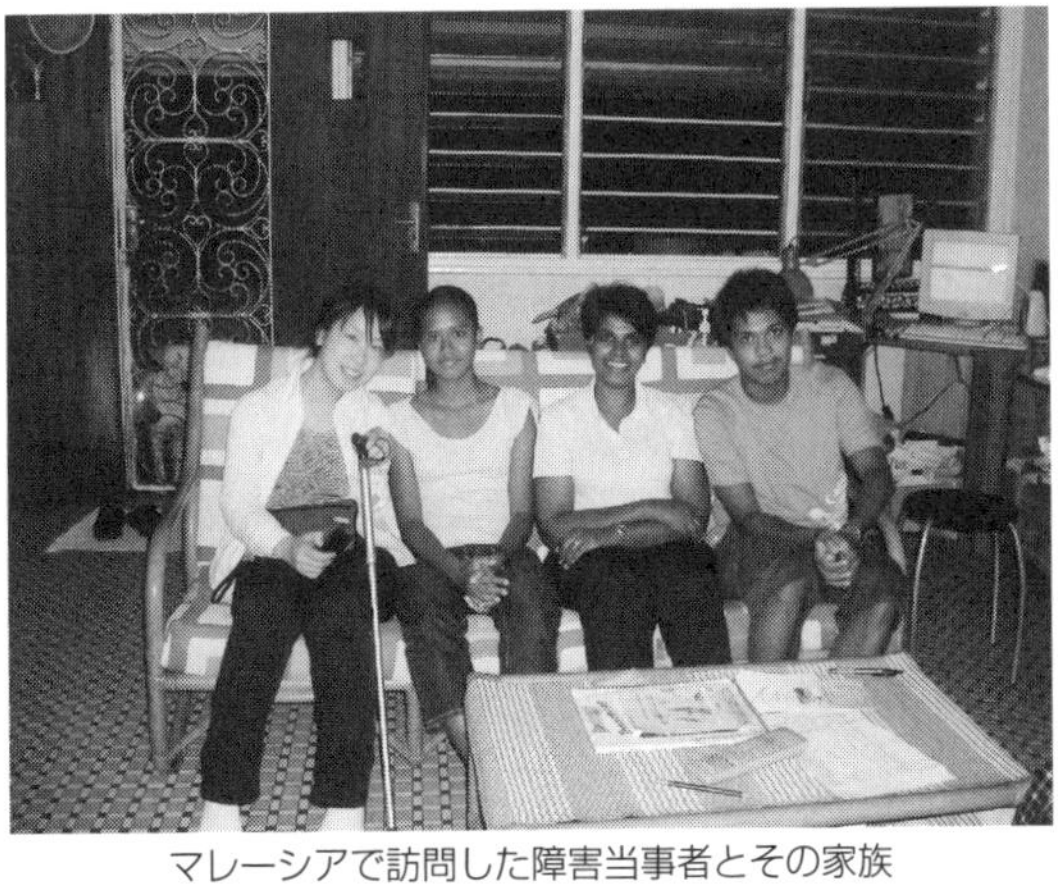

マレーシアで訪問した障害当事者とその家族

きました。

手術したら、何でもできるようになるんじゃなかったの？　この先に自分を待っているのは、与えられた選択肢の中で生きて、病気の進行におびえるだけの日々なんだ……。絶望的な気持ちになり、生きている意味がわからなくなりました。

ＪＩＣＡ職員の採用試験があったのは、そんな感情を数カ月間味わいつくし、気持ちが落ち着き始めていた頃でした。「途上国の障害者のために働きたい」という想いが、少しずつ生まれていました。味わったことのない絶望感の中で、障害ゆえに可能性を奪われることが人をどれだけ深く傷つけるのか、私は身をもって知りました。だからこそ、可能性を閉ざされて悲しい思いをしている途上国の障害者の力に少しでもなりたいと思いました。そこに、私自身の可能性もまた、残されているような気がしたのです。不安もありましたが、自分自身の転機になることを願って、私はＪＩＣＡの採用試験を受けてみることにしました。

「あなたが内定したことを、期待と誇りを持ってお知らせします」。自分など価値のない人間だという思いに苦しんでいた私にとって、ＪＩＣＡから届いた採用通知の「期待と誇り」という文字は、本当に大きな励ましになりました。

ずっと支えてくれた父が、私を抱き締めて「おめでとう」と涙ぐんでいたこと。無気力になり会うことを避けていた親友たちが、「嬉しくて泣いた」「ここ数年で一番嬉しいでき事だよ」とメールをくれたこと。支えてくれた人たちへの感謝の気持ちを思い出せるようになったとき、

「今度は私が誰かの力になりたい」という目標ができたとき、絶望感は消えていました。

ルワンダの障害者から教わった理不尽と使命感

大学にも復帰し、私はルワンダの障害者の現状に関する卒業論文に打ち込むようになりました。そして、ルワンダの障害当事者の想いを理解するためできる限りの努力をしようと、三週間の現地調査を行うことにしました。

ルワンダの仲間たちから教えられたのは、彼らと自分の間にある圧倒的な「格差」でした。彼らの多くは、私と同じ軽度の身体障害者でしたが、障害を理由に学校への入学を拒否される、仕事に就けない、コミュニティでひどい偏見に苦しむなど、私が味わったことのない経験をしていました。私は、大学で好きな勉強ができ、来春には希望する仕事に就ける。同じ障害者だけど、取り巻く環境はこんなにも違う……。

忘れられないでき事があります。それは、一番の友人になった障害者の一人が、そんな現状に対して「我慢するしかないよ」とつぶやいたことでした。「これ以上、我慢する必要なんてないよ……」。咄嗟に浮かんだ想いを、口にすることはできませんでした。

ルワンダで本物の理不尽さに直面した私は、母が倒れ、自分が進行性の病気になった一連のでき事を「理不尽だ」と嘆いていたかつての自分を恥じました。それらは全て、私個人が引き受けなければ「仕方ない」類のもの。でも、ルワンダの障害者が直面している理不尽さは、社会のあり方次第でいくらでも「仕方がある」ように感じました。ルワンダでは、社会を変えるために運動し、障害者として障害者のために働く「障害当事者リーダー」たちにも出会いました。彼らからは、使命感と、それに伴う行動力の大切さを教えてもらった気がしました。

ルワンダで二種類の「理不尽」の区別ができるようになったとき、日本に生まれて、JICAで働く機会を与えられた自分の責任を強く意識するようになりました。それは、国際協力という仕事を通じて、障害のない人と同じように障害者が可能性を発揮できる社会を創っていく、ということでした。

「想い」だけで社会は変えられない――三〇年後のために、今、協力隊へ

二〇〇八年にJICAに入構した私は、本部とフィリピン事務所での新人研修を経て、JICA沖縄に配属されました。二〇一二年一月から、私は職員としての身分を一時休職し、青年海外協力隊員としてフィリピンの障害当事者団体で二年間活動することを決めました。なぜ職員を休職してまで協力隊に行こうと思ったのか。ここでは、その理由を書いてみたいと思います。

JICA職員として沖縄で三年目を迎え、充実した日々のなかで、私はあることを繰り返し自問するようになりました。それは、ルワンダで自覚した責任を、私は本気で果たそうとしているだろうか、ということでした。

私は、障害をもったJICA職員として、JICAのビジョン「すべての人々が恩恵を受け

る、ダイナミックな開発」を進めるべく、障害者にも配慮した援助プログラムの実現に貢献したいと思っていました。

障害者はマイノリティである以上、障害者にも配慮した組織や社会を創るためには、障害をもたない圧倒的多数の人たちの協力が不可欠です。でも、今の私には、障害（者）配慮が「なぜ必要なのか」をより多くの関係者に理解してもらうための方法も、「どう実施すればよいのか」を適切に伝える能力も、備わっていないと感じていました。

社会が変わっていくためには、障害をもたない圧倒的多数の人たちの協力が不可欠です。二〇年後、三〇年後、JICA内外でいろいろな人の協力を得て、よりよい障害者支援のあり方を構想できる人間になっているにはどうしたらいいのか。「あなたが言っている『障害者支援』は、今のあなたが経験したことの上にしか描けていないのだ

JICA 職員として充実した日々、イラクの研修員と

よ」。常に私のよき相談役であった沖縄の先生から戴いた助言も、頭を離れませんでした。希望どおり障害者支援に携わる部署に異動できたとして、今の私に一体何ができるのか。沖縄のあと、本部に戻って、在外事務所に行くという通常のキャリアを積んだとして、その後の自分に一体何ができるのか。

想いだけ、障害当事者であることだけでは、自分が所属する組織の中ですら何のインパクトも起こせない。そんな気持ちが強くなっていた頃、沖縄でボランティア事業を担当していた私は、二〇一〇年秋募集の要請一覧に目を通していました。すると、二年前のフィリピン研修時代に出会った障害当事者団体からの募集に目が留まりました。求められていたのは、障害者の社会参画を進める彼らの事業運営を、プログラムオフィサーとして後方から支援することでした。

同僚となる障がい当事者団体のメンバー

首都マニラから約四〇〇キロ離れた農村部で、地域社会に根ざした障害当事者団体として行政や村の有力者と協力し、一生懸命によりよい社会を目指していた彼らの姿は、とても印象的でした。

一番身近なコミュニティから社会を変えていく具体的な方法。それを彼らと一緒に学ぶことで、障害をもったJICA職員として、「想い」以外に必要な何かが必ず得られると思いました。

私は夏休みをもらい、三年ぶりにルワンダを再訪しました。再会した仲間たちは、障害者として、障害者のために、行動を起こしていました。障害者が行動しなければ、社会は変わらない。短い滞在でしたが、原点の地で大切な復習ができました。

帰国後すぐ、家族、友人、先輩、上司と、私は色々な人に助言を仰ぎました。賛成も反対もありましたが、私が決めた選択を最終的には全員が応援してくれました。

「たとえもしあなたが他の人のように歩けなくても、どこに行きたいかを決めることは、あなたにもできるはずだ」。時折思い出す、ある障害者の言葉です。応援してくれる人がいるという安心感に包まれながら、私は青年海外協力隊に行くことを決めました。

ピア・ボランティアをめざして

母は、両親がいる私に孤児院でボランティアをする資格はないと言いました。では、障害者に対する国際協力やボランティアは、障害を経験した人だけができるものなのでしょうか。私は、決してそうではないと思います。

ルワンダで私が経験したように、「障害者」といっても、通ってきた道は一人ひとり違います。「同様」の経験はあっても、「同一」の経験はあり得ません。例えば私が「障害者」である事実の上にあぐらをかき、フィリピンの障害者一人ひとりの気持ちを理解する努力を怠れば、「日本から来た軽度障害者に何がわかる」という反発を受けるでしょう。「障害に直面した」という共通の経験だけでは、「ピア・ボランティア」には決してなれないと思うのです。

母が私を叱ったのは、当時の私の言動や表情の中に、孤児院の子どもたちに対して「〜してあげる」という高慢さを見たからなのではないかと思います。そして、モンゴルでバギーが私と仲良くしてくれたのは、母を失った私から、その高慢さが消えていたからなのかもしれません。その違いを、「介入される側」は、子どもであれ、障害が重い人であれ、確実に見分けていると思います。これは、重い〝障害〟をもつ母との関わりのなかで私が痛感してきたことです。以前の私は、母が何をどうしてほしいのかということを考える前に、母に対し「髪をとかしてあげよう」など、ついつい自分の判断で「余計なお世話」をしがちでした。その度に母が私に投げかけたのは、「ありがとう」という言葉ではなく、それを拒否する言葉だったことを、私は忘れません。

これまで書いてきた経験から、障害者支援であれ、国際協力であれ、介入する側の立場で人を支えると決めた以上、貫くべき点は共通しているのだと、私は次第に思うようになりました。それは、「してあげる」という思いを乗り越え、相手を理解し、寄り添おうとする意思をもつことでした。これまで派遣された障害当事者、「ピア・ボランティア」の方々が成果を挙げているのは、「『同じ』障害者だったから」という単純な理由ではないと思います。障害者として生き、「介入される側」の立場も経験するなかで、「する-される」の関係を超えて相手を支える意志と技術が備わっていたからだと思うのです。そんな先輩たちに続いて、私もフィリピンで素敵な「ピア・ボランティア」をめざしたいと思っています。

　新人職員としてフィリピンにいたとき、ある障害者リーダーが私にかけてくれた言葉があります。「今している活動が、自分たちの世代で実を結ぶとは思っていない。でも、障害に直面する次の世代のために、この活動は

沖縄の友人に支えられ挑戦した石垣トライアスロン

続けなければいけないんだ」。

障害者が可能性を発揮できる社会を創っていくこと。この目標は、世界中でそれを願う人と共に、使命感をもって挑戦すべきものであることを知りました。私には、身体的な制約から「できなくなった」こともたくさんあります。そのかわり、「まだできること」には全力で挑戦しなければならないし、一人で「できない」ことは誰かと一緒に「できる」に変えていけばよい、という信念を得ることができました。

青年海外協力隊員として活動する二年間、私がフィリピンの障害者と共有したいのは、障害者として通り抜けた経験を原動力として、よりよい社会を創ろうとする挑戦のプロセスです。同じ目標に、同じ目線で挑戦していけるよう、現地の障害者と一緒に歩むピア・ボランティアをめざしたいと思います。

曽田夏記（そだ　なつき）
一九八四年生まれ。先天性臼蓋形成不全による下肢機能障害。東京大学教養学部国際関係論学科卒。ルワンダの障害（者）問題を論じた学士論文は「一高記念賞」を受賞。二〇〇八年ＪＩＣＡ入構。人間開発部、フィリピン事務所、ＪＩＣＡ沖縄勤務を経て、二〇一二年一月から二年間、青年海外協力隊に参加予定。フィリピン・イロイロ市の障害当事者団体で、プログラムオフィサーとして障害者の社会参画を推進する事業の運営を支援する。

III章

障害者が国際協力に関わること

ピア・ボランティアを実現するには多くの人たちの支援や協力が必要でした。この章では、そのなかから、障害者のボランティア派遣事業の中では手探りの中で始めた支援者という役割を担ってくれた佐藤さん、そして、この事業を実現していったＪＩＣＡ青年海外協力隊事務局において大切な役割を担ってくれた魚屋さんのお二人に、支援者そして事業の実施者という二つの視点からピア・ボランティアの意義や実施をめぐる思いをまとめてもらっています。

1

「支援者」という役割

——ピア・ボランティア派遣に必要な支援とは——

佐藤陽子

ピアボランティアの奈良﨑さんと共にサバ州スリムンガシセンターでの活動

支援者になるまで

私は一九九九年までの二年間、青年海外協力隊の日本語教師としてマレーシアで日本語を教えていました。帰国後、一念発起し作業療法士の資格を得て、重症心身障害児施設で三年間働いた後、今度は作業療法士としてマレーシアに二度目の赴任をしました。活動内容は、地域社会に根ざしたリハビリテーション（ＣＢＲ）プログラムにおける利用者への支援やスタッフへの指導を行うというものでした。私の活動していたところはマレーシアの地方都市部で、センターの活動もあまり活発とはいえず、特に成人に対しては将来につながるような活動はほとんどありませんでした。

一方で、首都周辺では作業所や障害者の就労を支援するＮＧＯがあり、ＣＢＲプログラムの成人向けの活動を見直すきっかけとして、実際に就労している障害者の話を聞くセミナーなども実施しました。働く障害者と出会うのは初めてという人も多く、多数の質問や意見が交わされ、地方に住む障害児の家族や関係者の意識が変わっていくきっかけにもなりました。私自身にとっても障害当事者の社会的影響力を実感したセミナーとなりました。

このような経験が、その後、本書に登場する笹田さんや奈良﨑さんの支援者となる一つのきっかけになったのだと思います。

二人のピア・ボランティアと共に

私は二人のピア・ボランティアに支援者として同行しましたが、求められる支援は異なりました。障害が異なるので、その意味での必要な支援は当然異なります。例えば、笹田さんは活動期間が二年間の長期ボランティアなので、一人で生活していくための支援が中心となりました。一方で奈良崎さんは活動期間が一カ月の短期ボランティアなので、生活と活動の両面を支援しました。

笹田さんとの関わりは派遣前の語学訓練から始まりました。そこでは晴眼者を想定した授業で、教科書を含め視覚教材が多く、またパソコンのスクリーンリーダーもマレーシア語を正しい発音で読み上げるわけではないので、授業の要点をまとめたり、正しいマレーシア語の発音を読みあわせる、ということが必要となりました。現地に赴任してからは、生活に欠かせない場所への移動や、異文化生活への適応支援が主になりました。マレーシアの道路は決して歩行者に優しいとは言えず、歩道の真ん中に障害物があったり、側溝には蓋がなかったりと予測が難しいことが多い状況です。でもマイナス面ばかりではなく、道路の横断をさりげなく手伝ってくれる場面にも何度も出くわしました。日常生活においては日本との違いも多く、レストランやスーパー、公共交通機関など、その違いの体験を蓄積してもらえるようにしました。

しかし、私自身も試行錯誤のなかでの取り組みだったので、今振り返ると、早く慣れてほしいという焦りや一人のときに何かあったらという余計な心配から、情報を詰め込みすぎたのではないかとも反省しています。他方で、笹田さんにとって使いやすい携帯電話の機種や利用しやすいレストランなど、視覚障害の方がこの国で生活していくために必要なノウハウは、配属先の当事者が提供してくれました。やはり、実践的な情報というのは障害当事者自身がもっていることも実感しました。笹田さんはマレーシア語に加えて英語も堪能で、高いコミュニケーション能力にその人柄もあいまって、周囲の人との関係も良好に築かれ、笹田さん流に異文化への適応と生活環境を構築していきました。当時の様子を振り返ると、こちらが先まわりをして支援をするのではなく、現地の当事者のノウハウや情報を、派遣されるピア・ボランティアの経験や方法とつき合わせていくことが有効なのではないかと思います。支援者はそのつなぎ役というところでしょうか。

奈良﨑さんの配属先は、ユナイテッド・ボイスという知的・発達障害者自身が代表や理事を務める障害当事者団体で、彼女の活動はここの当事者スタッフと共に、教育省本省やＮＧＯ、また福祉局のＣＢＲセンターなど六つの州九カ所で本人活動についての講演や啓発活動を行うというものでした。奈良﨑さんへの支援はその赴任の一カ月前から始まりました。出発までに、奈良﨑さんの活動や必要な支援を知ること、また、現地での活動資料作成のために、数回会いました。奈良﨑さんの所属している当事者活動グループに参加し、友達や支援者とも会ったことで当事者活動のことや奈良﨑さん本人のことを知ることができ、支援をスムーズに行うことができました。

現地で奈良﨑さんは、絵を通して夢や仕事について語ったり、歌や踊りで参加者の緊張をほぐしたり、また恋愛や友達に関する質問コーナーを設けたりと、当事者の方が積極的に参加できる方法でセミナーを行いました。家族や関係者も含め、参加者全員が楽しそうに講義を受けていたのが印象的でした。マレーシアではまだまだ支援者が中心となって活動をすることが多いのですが、奈良﨑さんとの出会いで、マレーシアの知的・発達障害当事者は「自分たちが中心になってやっていこう」と思うきっかけになったようです。また、家族や関係者にとっても知的障害者自身が「自らが発信する」役割を主体的・積極的に担う姿に触れ、障害者の可能性を改めて認識したのではないかと思います。その結果、新しく二つの本人活動のグループも結成されました。奈良﨑さんは、現地の障害者自身にとっても、また家族や関係者にとってもこの「本人活動」の一つのロールモデルになったのだと思います。

今回のように、「本人活動」という障害者自身が主体となって社会を変えていく活動を進めるボランティアの支援者となるということは、この「本人活動」そしてそれを行う障害当事者に対して、「支援者」が様々な場面でどういう役割を果たすべきなのか、ということも同時に考えかつ示していくことだったとも思います。支援者の関わり方如何によっては、「本人活動」を推進することができる一方で、逆に、その芽を刈り取ることもできてしまうのだと思います。その意味では、私自身も、本人活動に関わる「支援者」のあり方を現地の人に示す「支援者のロールモデル」だったのかもしれません。私自身この役割が十分に果たせたかどうかはわかりませんが、この点の大事さは私にとっての大きな学びでした。

今回の活動は全九回のセミナーを六つの州に移動しながら行うという過密なスケジュールで、奈良﨑さんにとっては慣れない外国でもあり、疲労も相当でした。活動当初は奈良﨑さんのストレスが溜まらないよう、話を聞くなど気分転換ができるようにしていました。しかし、私自身も発表の準備という業務支援をしながら、かつ、休日や夜間を含めた生活面全般の支援も求められ、徐々に時間的にも体力的にも、また精神的にも余裕がなくなり、仕事の振り分けもうまくできず、「支援」そのものがうまくできない状況になりそうでした。また、「支援者なのだから自分ががんばらなくては」という気負いもありました。このような状況を現地事務所が的確に判断してくれ、ボランティア調整員やその他のボランティア、またプロジェクトの専門家や配属先の職員による新たな支援体制を形成してくれたことで、私自身も自分の支援のあり方を立て直すことができました。おかげで、私自身にとっても、そして多分奈良﨑さんにとっても、短くも濃い一カ月を終えることができました。

支援の経験から見えてくるもの

支援者や介助者という立場で障害者と関わる経験が多くはなかった私にとって、笹田さんそして奈良﨑さんの支援者になった経験は、障害との取り組みを違った角度から考える機会となりました。

例えば、これまでは点字ブロックの有無は見えていても、それがその役割を本当に果たしているのかというところまでは見ていなかったことに気づかされました。「利用者の立場に」に立つと、途中で途切れた点字ブロックや乗客の声でかき消されてしまう音量のアナウンスは、「障害者のために」とされていながら、実際には社会に出て行くためのツールとして利用できないものでした。アクセシビリティが整わなければ、仕事や学校があっても一人で自由に通えず、参加の機会にはつながっていきません。ピア・ボランティアは豊富な経験を基にアクセシビリティについても様々な提言ができるでしょう。そして障害当事者にとっては自分の生活に関することに積極的に関わる必要性や重要性を、支援者および関係者にとっては当事者と一緒に考えていくことで見えてくるものがあることを教えてくれるのではないかと思いました。

活動中は「支援」のあり方についても悩みました。それは「おせっかい」と「支援」の違いと言えるでしょう。支援をする際にはその受け手の要望に応じて提供しますが、今回それぞれの隊員活動で求められると想定した支援をした結果、一方的に現地の情報を伝え、おせっかいな支援者になってしまいました。私自身が隊員だったとき、現地のことは現地の人に聞け、経験から学べというようなことをよく言われました。実際に現地での失敗を含めた様々な経験を通して、現地の人との関係を築きながら試行錯誤をしたことが、隊員活動にとても役に立ちました。だからこそ「ボランティア」として考えたとき、ボランティアならではの経験を奪わないように、どの程度、どのような支援をすべきなのか悩むようになりました。

前述したように支援者の役割はピア・ボランティアの参加期間によっても求められる役割が大きく異なります。短期ボランティアは慣れない環境や気候等適応が難しいなかで、スピーディかつ安全に活動に取り組めるように、生活面や活動面で全面的にサポートをしていくこととなります。一方、長期ボランティアについては現地の生活に慣れていき、一人で生活することに向けて体制をつくっていきます。私は現地のリスクばかりに目が行き、心配や不安を感じ、私が必要と感じた情報を一方的に提供したり、笹田さんの要望が危険だと勝手に判断したり、無理ではないかといってチャレンジする機会を阻んでしまうような、有難くない支援者でした。慣れてもらわなければという焦りが、だんだんに、指導する、リスクを管理するという態度となり、ボランティアではなく、自分の気持ちを優先してこのような対応につながったのではないかと思っています。知らないうちに主体が誰だか見えなくなっていたのです。

しかし、果たして本当に無理なのかと考えたとき、豊富な人的資源や現地ならではの生活習慣(例えば車を持っている人が職場まで同僚を乗せていくなど)のような手が実は沢山あることに気づきました。支援者ができる・できないの判断をするのではなく、こういった現地の資源情報をボランティアにつなげること、どうしたらできるかを共に考えていく姿勢をもつことが大切なのだと実感しました。

ピア・ボランティアの意義、支援の課題

いわゆる「中進国」と呼ばれるマレーシアにおいても、障害者が社会に参加していくうえでの障壁はまだまだ高く、社会で自立した生活を送っている障害者は多くはありません。そのようななかで、自立し、社会に参加し、そして社会を変えていく行動をしているピア・ボランティアの姿は、社会参加の一つのロール・モデルとして、現地の障害者にとっても、また、周囲の人にとっても与えるインパクトは非常に大きいと思います。マレーシアではまだまだ視覚障害者が単独で街を歩いている姿はあまり見かけません。このような環境の中、笹田さんが一人で生活することはどのように映っていたのでしょう。また当事者の問題に対して、本人ではなく家族や周囲の人がまだまだ中心になって活動しているような国で、知的障害がある奈良﨑さんがセミナーで講師となって語る姿はどのように映っていたでしょう? 協力隊員として活動していた頃、日本の障害者の話をして感心をされることはあっても、「どうしたらできるの?」と一歩進んだ会話とならないことがよくありました。今回実際に活動しているピア・ボランティアを見て、現地の人は「なんでこんなことができるの?」「大丈夫なの?」と関心をもって、質問せずにはいられないようでした。私に対しても、「どうして常にそばでサポートしないのか?」と意見を言う人もいました。現地の人たちのこうした関心を引き出すことができたのも、ピア・ボランティアが現場に入り、その活動を通していきいきと生活している様子をみせていること、体験を交えた発言ができる存在だからだと思います。さらに長期ボランティアは現地の人と深い関係づくりができるので、これまで障害者と関わることの少ない（マレーシアでもまだ障害者の社会参加の機会が少ないので、学校や職場で場を共にする経験のある人はあまりいない）現地の人にとっても、その暮らしに触れ、関心をもつことで障害者観（古い慣習や宗教で偏ったイメージをもっている人も多い）を変えていけるのではないかという可能性を感じました。

もう一つ、ピア・ボランティアは、障害者と障害者に関わる人々をつなぐという役割も担っていると、奈良﨑さんの活動を通して感じました。障害者グループでのワークショップでは、奈良﨑さんから「クラブ活動は、お母さんと一緒より友達だけのほうが楽しいのでは？」とか「あの仕事は楽しんでやっているのかな？」などと一人ひとりが本当の気持ちを出していけるような問いかけがあり、現地の障害者が本当の気持ちを支援者や家族に伝えていくことの手助けとその場を提供してくれました。

支援者は当事者の社会参加を考えたとき、就学や就労ができることをゴールととらえ、実際は個別で多様であるはずの「あり方」を見落としてしまうことがあります。そんな支援者に、奈良﨑さんは「どんなふうにやりたいのか（本人に）聞いて！　自分たちで決めさせて！」というメッセージを伝えてきました。これまでの学校や職場での苦い経験や支援者との問題などを乗り越えてきた体験があるからこそ、共感できる気持ちの代弁者として、想いを引き出すファシリテーターとしての奈良﨑さんのセミナーは、支援者にとっては当事者の想いを知る場となり、障害者自身にとっては想いを形にする場となったと思います。

これまで表現の機会が求められなかった当事者のなかには、まだ表現する方法がわからない人や表現することに自信がもてない人が沢山いますが、表現手段として様々なコミュニケーションツール（絵、歌、踊り、ゲーム）を学び、またその表現する楽しさを学べたのではないでしょうか。

では、そのようなピア・ボランティアを私たちはどう支援していけばいいのでしょうか。ピア・ボランティアへの支援は、単に障害の種類や程度だけで決められるものではなく、活動する国や任地の状況、現地事務所及び活動先の支援体制といった環境の要素と、本人の海外経験や語学力などの要素が複合的にからみ合っており、ボランティア、派遣される国、活動によって異なる支援が必要になってくると思います。長期ボランティアの場合は、応募から選考試験、そして国内の派遣前訓練の支援も考えていかなければなりません。人それぞれに個別の対応が必要なように、同じ障害をもっていても同じ支援が必要とは限らないからです。

様々な支援が必要というと、「支援をつけてボランティアを派遣するのか？」と考える人もいるかもしれません。実際、私自身ピア・ボランティアの意義を唱えながらも、どこかにお世話するというような一方的に与える気持ちがあったことで、支援のあり方について壁にぶつかりました。実際には自分自身について、福祉についてなど見つめなおすこととなり、沢山の学びがありました。またピア・ボランティアの活動が進められていく過程は共に活動をする喜びと達成感がありました。そのなかで、ボランティアの支援とは「現地でのボランティア活動」という同じ目的に向かって協力しながら活動することなのではないかと思うようになりました。そのためには自分の考えという余計なフィルターを通さずに、ボランティアの意見に耳を傾ける姿勢が大切なことを知りました。支援者と当事者は不均衡な関係になりやすく、ボランティアに対して「する側」となることで、過剰な支援を招き、ボランティアの経験や意欲までも奪ってしまいかねません。

ピア・ボランティアの支援を通して、支援者や事業の実施者も現地ではロールモデルとしての役割があることを実感しました。当事者が主体となるべきだといくら説いても、実際に支援する私たちが「する側」としてピア・ボランティアに接していれば、それはメッセージとして伝わりません。そういう意味でも支援する側も共に活動しているメンバーなのです。その姿勢が問われているということを考えていかなければならないでしょう。

今回の貴重な経験を今後日本の仕事でも生かしていけるよう、福祉の取り組みや支援のあり方について考えながら活動していきたいと思います。

佐藤陽子（さとう　ようこ）

奈良県出身。大学で日本語教育を専攻し、卒業後は青年海外協力隊の日本語教師としてマレーシアで活動（一九九六-一九九九年）。帰国後、作業療法士の資格を取得し、重度心身障害児施設の勤務を経て、三年後、今度は協力隊の作業療法士隊員として再びマレーシアに赴任（二〇〇六年）。その後、二〇〇八年には笹田さんの支援者として、また同年奈良﨑さんの支援者としてマレーシアで活動する。

2

ピア・ボランティアの派遣に携わって

魚屋　将

障害当事者との初めての仕事

ＪＩＣＡの業務で初めて障害当事者派遣に携わったのは、地域部と呼ばれる部署にいたときに障害者インターナショナル（ＤＰＩ）日本会議の中西正司さん・由起子さんご夫妻をＪＩＣＡ専門家として派遣する業務でした。中西さんに初めてお会いしたのは、当時新宿にあったＪＩＣＡ本部のビルの会議室でした。中西さんはそれまでも、ＤＰＩのお仕事や、ＪＩＣＡの専門家として何度も海外に出張された経験があり、こちらがどんな準備をしたらよいのか当惑しているのを察し、車いすのまま乗車可能な車両の手配の件や、航空会社への連絡、現地での出迎えなどの必要な調整を細かく教えていただきました。

中西さんの帰国後の業務出張報告会で見た現地活動の様子の写真には、世界各国から多くの車いすに乗った方々が参加し、会議室の中だけではなく、屋外でも積極的にプログラムをこなしている姿が写っていました。

それまで、街の中や駅のホームで車いすの方を見かけることはありましたが、業務を通じて中西さんたちとお会いする機会が重なるにつれて、車いすを使われている方に「慣れてきた」気がしてきました。表現が適切ではないかもしれませんが、なんというか、少し目立ったカバンを持っている方と同じような感覚になりました。当時ＪＩＣＡ本部があったビルの別のテナントに勤務されている車いすに乗った方と、朝の出勤時間にビルに入るタイミングが時々同じになることがありました。それまでは、駅からビルまでの長い地下道でも、車いすの横をスーと追い抜かしていたのですが、中西さんたちと仕事をしてから、その車いすの方に「少しお手伝いしましょうか?」と声をかけ、車いすを押すことができるようになりました。車いすを押すという経験をして初めて、私たちが勤務しているビルに入るときのスロープの勾配が結構きついことにも気がつきました。

JICAの中での障害との取り組み

JICAのボランティア事業を担当する青年海外協力隊事務局という部署に異動してから、東アジア、東南アジア、大洋州地域を担当する業務につき、東南アジアを中心に作業療法士やソーシャルワーカー、養護といった障害分野のボランティアの派遣も行っていました。帰国したボランティアからは、障害者が置かれた環境の厳しさについての報告も度々耳にしていました。特に、就学や就労の難しさや、経済的な課題の大きさを知りました。

一方、JICA内では、人間開発部が障害分野の技術協力を所管していて、JICAが実施する業務全体において障害(者)に対する配慮を実施する「障害のメインストリーム(主流)化」を提唱し、積極的に研修会などを開催していました。そんなワークショップの一つに、「車いすに乗ってみませんか」というプログラムがあり、参加してみることにしました。当日は、車いすを利用している方から話を聞き、業務や通勤での不便さについても理解することができました。また、車いすが会議室に準備され、実際に私たちも車いすに乗ってビル街を移動する体験をしました。自分が体験することではじめて、歩いていては気がつかない微妙な勾配やちょっとした段差が、車いすの方にとっては「障害」となることを体感することができました。

ピア・ボランティアの派遣

あるときマレーシア事務所から、車いすバスケットボールの指導者として、実際に車いすを利用している方を短期ボランティアとして派遣できないかとの連絡がありました。これまでもボランティア事業においては、応募者として障害者を排除してきたわけではなく、実際に派遣をしたこともありました。しかしそれは機能的な障害が比較的軽度な方で、日常の生活において特別な支援や配慮が必要のない方たちでした。しかし、今回のように、車いす利用者という比較的障害が重度と思われる方の派遣を想定したボランティアの募集することはありませんでした。この話を聞いたときに、短期間であったとしても現地の生活や緊急時の対応のあり方、また、そもそも障害当事者が応募してくれるのかなど、協力隊事務局の中でも、対応についての議論が重ねられました。

マレーシアは他国に比べて障害分野の協力が進んでおり、当時も本書編者の久野さんがプロジェクト専門家として赴任しており、障害分野のボランティアに対しても助言や提案をしていました。マレーシア事務所としては、今回の案件は障害者関連機関であり、すでに現地の障害当事者への対応を長く行っている機関であるゆえ、受け入れ態勢や支援体制も整っているとの情報をもらい、本部での判断に委ねられました。

本部でも、障害当事者を専門家として派遣したことがある人間開発部に相談し、短期間（約一カ月）の案件として公募することになりました。

選考の結果、車いすバスケットボールの日本代表選手の経験もあり、海外経験も豊富な神保さんを派遣することに至りました。短期間の派遣でしたが、ナショナルチームの育成と車いすバスケットボールの普及という活動は成功し、現地でも高い評価を得ました。他方、派遣終了後の帰国報告会では、歩道などの状況が悪く、車いすが破損したり、転倒したという話も聞き、我々が想像できなかった苦労が沢山あったことも知り、必要な支援のあり方を考えることにもなりました。

この経験が、その後のピア・ボランティアの派遣の契機となり、試行錯誤を繰り返しながらですが、本書に登場する皆さんの派遣へとつながっていきました。

ピア・ボランティアの派遣に向けて

ＪＩＣＡ内では、人間開発部が課題別指針「障害者支援」(注)という文書を作成していて、障害当事者のボランティア派遣についても、この指針に沿って派遣を行ってきました。しかし、参加したい方が応募し、選考や訓練という過程を経た上で海外に派遣するボランティアという国民参加事業の性質から、上記の指針が主に想定している技術協力プロジェクトの専門家派遣とは若干異なる対応が必要な場面がありました。たとえば、選考面接の段階での手話通訳者の配置や、バリアフリーな面接会場の確保などです。

そんな試行錯誤のなかで、我々ボランティア事業を実施する者にとって最大のチャレンジが始まりました。視覚障害者の長期ボランティア派遣です。

初の障害当事者長期派遣――笹田さんと我々の挑戦

マレーシア事務所から鍼灸マッサージ師長期ボランティアの派遣要請が上がってきたときは、事務局内でかなりの議論がありました。議論というよりも、神保さんの派遣のときと同じような「不安事項のもぐらたたき」が始まった感じです。現地の受け入れ態勢は大丈夫か、安全管理は、交通手段はどうするのか、何かあった場合の保険は他のボランティアと同じでいいのか、面接はどうするのか、訓練所の対応は可能か、テキストは点字にするのか、といったことや、そもそも応募してくれる方がいるのかという不安もありました。

そのような我々のちょっと後ろ向きな姿勢を前向きに変えてくれたのが、面接に訪れた笹田さんでした。面接では、我々からの質問は「不安はないですか」「海外経験はありますか」など、まるで我々の不安を笹田さんに押しつけるかのような、今思い返せば非常に恥ずかしいくらいネガティブな質問を続けました。それに対して笹田さんは、何年も前からボランティア応募への準備を着々とされてきたことを具体的に話してくださり、その言葉から、二年間の海外でのボランティア活動に向けての強い気持ちと、自分ならやれるという堅い信念を感じとることができました。笹田さんとの面接を終えた我々面接官は皆「こういう方にこそ是非とも行ってもらおう」という気持ちになりました。健康診断もパスして笹田さんの合格が決まった後は、事務局をはじめ、派遣前の訓練を行う二本松訓練所関係者も対応できることは全部やろうという思いで意思の統一ができました。

しかし、実際に訓練が始まると我々の準備不足による困難が次々と発生し、笹田さんにも不便を生じさせてしまうことがありました。そのなかで、そういった課題の解決に重要な役目を果たしたのが支援者でした。支援者の役割は、障害ゆえに必要な支援があればそれを提供することで、障害がその方の不利益の原因とならないよう種々の支援を提供することにあります。具体的には、派遣前訓練では語学学習の際の視覚教材への対応や、赴任後は生活環境を含めた整備などで、派遣前訓練の前半部分に一名、また後半から赴任直後まで一名の支援者を配置しました。

笹田さん自身の努力があったことは当然ですが、支援者という形での支援の提供の重要さは、笹田さんからも我々に伝えられました。ＪＩＣＡでは、プロジェクトの専門家などで障害当事者を派遣する場合は、支援者の派遣・同行は既に実施されていましたが、ボランティア事業においては初の試みで、それだけに事務局自身試行錯誤の中での取り組みでしたが、この経験を通して、その役割の重要性と必要性について実感することになりました。

短期ボランティアの派遣では着実に障害当事者の派遣という経験を積み上げてきてはいましたが、派遣前の二カ月間の訓練や二年間という長期にわたる赴任という短期派遣とは異なる長期ボランティア派遣の実践を笹田さんと一緒に積み上げていくことで、JICAのボランティア事業に携わる我々は、必要な支援のあり方や実施の留意点についての学びを得ることができました。加えて、笹田さんが現地での協力で築いた成果を知ることで、ピア・ボランティアの可能性とその意義についてもより深く理解することができました。この我々の経験は、JICAのボランティア事業を更に開かれたものとするもう一つの重要な転機となりました。

合理的配慮の実践——事業実施者として

障害者の長期ボランティア派遣に続く挑戦となったのが、初めての知的障害当事者の派遣です。日本での知的障害の本人活動のリーダーとして活躍していた奈良﨑さんが派遣されることになり、笹田さんのときの支援者として活動していただいた佐藤陽子さんに、もう一度支援者として奈良﨑さんに同行していただくことで派遣前から準備を始めました。その準備過程では、横浜にある奈良﨑さんの活動現場に行き、活動紹介のＤＶＤを作成したり、マレーシアの情報共有や意思疎通を図るなど、信頼関係の構築を含む支援が提供されました。また現地でも生活・活動の両面から適切な支援を提供されることで、マレーシア全国で九回のセミナー・ワークショップを実施し、現地に新しい本人活動グループを形成するきっかけをつくるなど、奈良﨑さんが十分な活動を行いその成果を出すための重要な支援の役割を担いました。

このように、合理的配慮の一環としての支援者の派遣の重要性と効果が実感される一方で、支援者に課せられる業務の多さや負担、質の面からも適任者をどう確保していくのか、プロジェクトの専門家ではなくボランティア派遣という事業において、支援者の役割や位置づけをどう制度化していくのかなど、新たな課題も浮かび上がってきました。

実現はしていませんが、ピア・ボランティアを支援する「サポート日本人ボランティア」を別枠で募集してはどうかというアイディアもありました。ただ、この「サポート日本人ボランティア」については、相手国からの要請がないのにＪＩＣＡとして派遣できるのかなど、クリアしなければならない課題も多々あります。

ＪＩＣＡは、ボランティア活動は、「自分ができる範囲のことをやる」また「自身の創意工夫で対処する」ことを活動の基本としていて、個々のボランティアの活動自体をＪＩＣＡ本部や現地事務所が支援することは必要最小限にすべきだと考えています。他方で、この考え方と障害に関する合理的配慮という考え方の双方から見て、政府のボランティア派遣事業における合理的配慮とは個々の事例において具体的にはどうなされるべきなのか、正直まだまだ手探りで実施している状態です。支援が不足する場合もあれば、過剰になる場合もあるでしょう。合理的配慮は障害者の社会参加を実現するために欠くべからざるものですが、それを特別扱いだとみるむきも残念ながらないわけではありません。幸い現在まで、配慮の足りないところは他のボランティアなどから協力的に支援を提供していただいたり、逆に、他のボランティアから「そのような合理的配慮は特別扱いだ」という批判は出てはいません。

今後障害当事者をボランティアとして派遣していくにあたっては、ボランティアへの応募段階から合理的配慮を確認し、ＪＩＣＡ事業として対応しうる支援を提供すること、また、その理解を関係者から得ること、といったことが必要だとも考えています。

ピア・ボランティアの派遣を積み重ねた結果の一つとして、前述の久野さんや人間開発部の協力を得て、青年海外協力隊事務局では「障害者のボランティア参加に関するガイドライン」を策定しました。ただ、このガイドラインの中でも障害当事者への支援について「本邦において公的機関が提供している支援サービスを基準に、ＪＩＣＡとして可能な範囲で支援を行うこととする」と記載しています。何が適切な支援かを客観的に判断することは非常に難しいのですが、障害の有無に関わらずボランティア全員がもっている「困難に立ち向かおうとするボランティア・スピリット」と、障害ゆえに必要な合理的配慮とのバランスを見極めながら必要な支援を判断し提供することが、事業を実施するＪＩＣＡには求められていると考えています。

障害当事者派遣にかかる支援コストについては確かに議論があるところです。しかし、私自身がＪＩＣＡのボランティア事業において、本書に登場する障害当事者がボランティアとして活動することで現地に築いたプラスの成果を見てきました。自身が障害と直面するという経験を有しているからこそ伝えられるもの、共有できるもの、相手から感じることができるもの、またその意思や思いというチカラがあると確信しています。障害という経験を共有しているピア・ボランティアを派遣することによる、相手国の障害当事者と社会に与えるインパクトはとても大きいと実感しています。そのためには、まずＪＩＣＡ自身が変わっていかなくてはとも思っています。

注　ＪＩＣＡのナレッジサイト（http://gwweb.jica.go.jp）、または www.jica.go.jp/activities/issues/social_sec/pdf/003.pdf から入手可能。

魚屋　将（うおや　まさる）
一九六三年生まれ。東京外国語大学中国語学科卒。総合商社勤務を経て、一九九三年ＪＩＣＡ入構。農林水産開発調査部、総務部、東アジア中央アジア部、青年海外協力隊事務局等の勤務を経て、現在、二回目の中国事務所（北京）勤務中。

Ⅳ章

ピア・ボランティアの挑戦から見えてくるもの

——「障害と向き合うこと」の価値、そして三つの学び——

この章では、この本のテーマであった二つの点、一つは、障害と向き合う経験をしてきた日本の障害者がボランティアとして途上国の障害者とともに障害という問題の解決に取り組むというピア・ボランティアの意義、そしてもう一つは、その経験から私たちはボランティアという介入的な行為をどう捉え直し行動していくことができるのか、ということについて、私なりのまとめをしたいと思います。

ピア・ボランティアの意義は、ロール・モデルという言葉でまとめることができるかと思います。障害者にとってはそれがエンパワメント（力づけ）となり、家族や社会にとっては社会がどう変わっていくべきかを示す存在となったようです。そして、彼・彼女らの挑戦が示すボランティアのあり方とは、問題に直面している当事者とボランティアの間で相互主体的な関係を構築すること、そして、それを実現するのは共感というチカラである、ということだと思います。

一　ピア・ボランティアの意義

ロール・モデルとしてのピア・ボランティア

神保さんとの苦しい練習を通して技術を習得しただけではなく、生き方を変えていったファズランや他の車いすバスケのメンバー、ジェラシュで光岡さんに出会って自分も自立すると宣言した障害者、手話が自分の言葉であり自分がそれを確立していかなくてはいけないということを赤堀さんと出会って自覚していったろう者たち、みんなピア・ボランティアと出会い関わるなかで、自分自身を変えていきました。この本の中には、ピア・ボランティアと関わった障害者が、自分をみつめ直し、自分を肯定し、可能性を信じ、そして変わろうと決意をし、行動していった事実がでてきています。

私たちは、このように人が自分自身をそして社会を変えていく行動の主体となっていくプロセスをエンパワメント（力づけ）と呼んでいます。ピア・ボランティアは、現地の障害者一人ひとりに「自分もこうなりたい・こう生きたい」という意志を導き出すロール・モデルもしくは触媒（ファシリテーター）だったのではないでしょうか。神保さんが書いていますが、ピア・ボランティアは単にバスケや手話という技術だけを教えにきたのではなく、それを媒介としながらこのエンパワメントというプロセスを導き出す役目を担っていたと言えるでしょう。

支援者の佐藤さんが書いているように、非障害者（障害者ではない人）が「障害者が社会に参加することは重要です」ということを〝教える〟ことは可能です。でも、教えられたことはすぐに忘れ去られます。しかし、ピア・ボランティアとの関わりのなかで途上国の障害者自身が、ピア・ボランティアを一つのロール・モデルとしながら、可能性や生き方を〝自分自身で発見〟し獲得していったものは確実に彼らのものとなり、それが就職や本人会の設立といった結果にもつながっていったのだと思います。

これは障害者に対してのみ言えることではありません。障害者は「助けられるべき存在」と思っていた障害者の家族や関係者にとっては、日本から遠くヨルダンやシリアまで障害者自らが来て活動している姿は衝撃的であったでしょう。重度の障害者でも自立して外国まで来ている、一人でできないことは支援者をつけてする、障害者自身が何をするかを決める、そして、障害者自身が社会を変えていく行動をする、そういう「助けられる存在から社会を変えていく存在へ」という役割転換の事実の一つひとつが目に見える存在として目の前にいることは、それが実現できるということの事実に他なりません。この事実は、周りにいる人間が具体的に何をどうしていかなくてはいけないかを考えさせ、社会や環境を変えるきっかけとなっていきます。私たちは、このように社会や環境が障害者の自立や社会への参加を実現していく方向に変わっていくことを、環境可能性の拡大（Enablement）と呼んでいます。ピア・ボランティアはこの点についても具体的なロール・モデルや触媒の役割を果たしたと言えるでしょう。

障害者の環境可能性を拡大する支援のあり方

もう一つ大事なことは、佐藤さんや魚屋さんが書いているように、支援者やＪＩＣＡの支援のあり方も、ピア・ボランティアを一つの例とした障害者の社会参加を実現する環境可能性の拡大の実例・モデルであったという点だと思います。例えば、支援者をつけることや点字や手話通訳といった情報保障をすることを〝特別〟な支援だとするのか、それとも〝当然必要〟な合理的配慮だとするのか、どういう環境や支援サービスを整えるべきなのか、支援者がどういう役割を担うべきなのか、といったことを、ピア・ボランティアに同行する支援者やその派遣に伴うＪＩＣＡの支援のあり方を見ながら途上国の人たちは体感していくことができたのだと思います。

私もマレーシアで奈良﨑さんと一緒にワークショップを行いながら、彼女によって障害当事者、親や関係者が変化していく姿を目の当たりにしてきました。奈良﨑さんは彼女のインタビューのなかで、私のことを「何でもできてうらやましい」と言っていますが、奈良﨑さんが導き出したこのエンパワメントと環境可能性の拡大のインパクトは私には引き出せません。私はそういうチカラをもっている奈良﨑さんや他のピア・ボランティアたちがうらやましいです。

しかし、それは、安原さんや曽田さんが書いているように、ピア・ボランティアたちが単に〝心身の機能的な違い〟をもっていたからできたのではありません。障害と向き合うという経験のなかで勝ち取られてきたチカラがあったからなのだと思います。笠羽さんが書いているように、障害と向き合うという経験はプラスのものだ、チカラなのだ、ということです。

ではそれはどういうチカラなのか。それが私たちが彼らの経験から学び取るべきものなのだと思います。

二　ボランティアになるチカラ

ピア・ボランティアの経験から学ぶチカラ、それを「当事者」「相互主体」そして「共感」の三つのキーワードにしてまとめてみたいと思います。

当事者

当事者の意味は、例えば、事件の被害者や加害者がその事件の「当事者」となるように、辞書的にみれば「直接そのことに関係する人」となります。障害者のことを、障害という課題に直面している人という意味で、障害当事者と呼ぶこともあります。

ここで考えたいのは、この辞書的な意味とはちょっと異なり、例えば、「子どもが直面している課題を親が解決すべきではない」という考えに代表されるような、問題を解決していく主体の所在としての当事者という意味です。これは言い方を間違えると誤解を生むのですが、当事者ではない第三者が問題解決の過程から手を引くことや責任を回避することを良しとすることではありません。また障害という「問題の所在」が障害者に在ると言っているのでもありません。ここでは深くは論じませんが、障害は社会にある、というのが私の考えで、この考え方は「障害の社会モデル」とも言われています。

イラストを見てこのことを考えてみましょう。

この絵の男性が買い物ができない、難しく言えば経済活動に参加できないのはなぜでしょう。「この絵の上のどこに男性が買い物をできなくさせている障害があるか、一カ所だけ印をつけなさい」と言われたらあなたはどこに印をつけますか。障害者の脚にですか？　車いすにですか？　それとも階段にでしょうか。

私は階段につけます。ではこの階段を造ったのは誰でしょう……。現実には社会の障害をつくり出している加害者は私たち非障害者であり、その意味で私たちは加害当事者としての責任を回避することはできません。この点は障害の意味を考えるときには非常に重要な点ですが、ピア・ボランティアに関する当事者の議論のなかではちょっとおいておきたいと思います。このことに興味があ

障害はどこにあるか？（© CBR DTC）

る方は是非「障害学」と題されている本を手に取ってみることをお勧めします。

話をピア・ボランティアの当事者に戻しましょう。例えば、震災で何が自分自身に起こったかを最もよく知っているのは、その震災を自らが体験した被災当事者一人ひとりでしょう。そして、復興の影響を最も受けるのもこの人たちです。震災に直面した当事者として何をどうしたいのか、どうしてほしいのか、それは当事者にとっては「自分自身のこと」に他なりません。では「これからどうしていくか」ということを決めていくのは誰がすべきなのか。当事者ではない第三者が決めるのがいいのか、専門家など第三者の助言を得ながらも当事者自身が決めていくのがいいのか。

本書に登場したピア・ボランティアは「私があなたに代わって問題を解決してあげます」と問題解決請負人として活動したわけではありません。もちろん逆に「それはあなたたちの問題でしょ」と相手を突き放したわけでもありません。「途上国の障害者自身が課題に向き合い、それを変えていく」ためにピア・ボランティアは活動しました。それは自分自身の経験の中で、そういう解決の責任や役割を奪われた悔しい経験を経て、その責任を担っていくことの大事さを知り、それを支えていくという思い、方法、そしてチカラをもっていたからでしょう。

日本の、そしてアジアの障害者の自立生活運動を牽引してきた中西正司氏は、彼の著書『当事者主権』の中で、「当事者とは、『問題をかかえた人々』と同義ではない。（中略）私の現在の状態を、こうあってほしい状態に対する不足ととらえて、そうではない新しい現実を作り出そうとする構想力をもったときに、はじめて自分のニーズとは何かがわかり、人は当事者になる」と当事者の意味を説明しています（中西正司・上野千鶴子『当事者主権』岩波新書、二―三頁）。この定義の核になるのは文末の「なる」にあると私は思います。当事者（性）というのは自動的に与えられるのではなく、現状を変えていく、自分自身が変革の行為主体となると決意したときに初めて自分自身が当事者に「なる」という点です。

この課題の解決、つまり社会を変えていくことの責任や役割の重要さについては、差別されてきた人々の民衆運動の実践者であり、その運動の理論を形成してきたサウロ・アリンスキーも言及しています。彼の思想を示す有名な説がありますので、ここではそれを紹介することで説明としたいと思います。

「人間の尊厳に対して敬意を払う時、私たちは『自分が直面する問題の解決に対して自分自身が参加するという基本的な権利が否定されることがない』ということを学ぶ。自尊心は、自分が直面する問題の解決に対して積極的な役割を担う人、無力ではない人、受身ではない人、そして、他人からの助けを人形のようにただ受けとるだけではない人、そういった人から生まれる。あなた方がある人に対して手を差し伸べる時、その相手自身が問題を解決していく過程において重要な役目を担うことを認めないならば、あなたの行為はその人の発達（Development）には何も寄与しない。それは実のところ、与えているのではなく取り上げているのである。彼らの尊厳を取り上げているのである。人々の参加を否定することは、人間の尊厳と民主主義を否定することであり、それは決してうまくいくものではない」（訳＝筆者）。
（Alinsky, SD (1971). *Rules for Radicals: A Practical Primer for a Realistic Radicals,* New York, Vintage Books, p. 123.）

そして、ボランティアという行為もしくは関係性の中でこの当事者の意味を考えるとき、切っても切り離せないのが行為の主体をどう捉えるかということです。

「主体」と「相互主体」

ボランティア四原則で、主体性というのがありました。この主体とは「自分の意志で行動するもの」という意味で、反対語は「客体」です。ボランティアという行為で考えればボランティアが行為をする人（主体）であり、その行為を「受ける人」（客体）が障害者や被災者やホームレスということになるでしょう。

しかし、こういう主体から客体へという行為の一方向性の関係性のあり方に待ったをかけているのが「相互主体（性・的関係）」という考え方です。これはブラジルの識字学者であるパウロ・フレイレが理論化し提唱してきた概念で、一九八〇年代から盛んになった国際協力ＮＧＯなどが進めるエンパワメント（力づけ）の取り組みの精神的・理論的支柱ともなりました（パウロ・フレイレ『被抑圧者の教育学』亜紀書房）。

フレイレはこの相互主体的関係の重要な二つの点について、「伝達」と「対話」の比較を用いて説明し、相互主体的な関係とは対話の関係だとしています。伝達は一方（発信者）が伝えたいことを他方（受信者）に「そのまま」伝えるという行為ですが、対話は双方が発信者でありかつ受信者となります。相互主体的な関係とはまずこのように一方のみが出し手や受け手になるのではなく、双方が行為の主体となることが一つの重要な点です。そしてもう一つ大事なのはそこで授受されるものです。伝達の場合は発信者が持っているものがそのまま受信者に伝わることが目的ですし、その内容は固定されていて変化しませんし、逆に変化しては困ると考えます。一方で、対話の場合には双方が発話の主体になり、問いかけや答えによる議論が生まれ、そういうやりとりという相互作用の結果、まったく新しい考えが生まれたり、単に一方にのみ他方の固定的な情報が伝わるということではなく、双方にとって新しい学びが生まれ、お互いがもっていたもの以上のものがこの対話という相互作用によって生み出されます。

奈良﨑さんが「カッコいいことを言わなくていいんだ、一緒にやることが大事なんだ」と言っているのは、まさに情報の伝達ではなく対話するという関係が大事なんだという点そのものであり、笹田さんが「（ボランティア活動は）うまくいけば支援というよりコラボレーションです」と書いているのもまさにこの点だろうと思います。河合さんがボランティア活動を経て、アジアの現状に目を向け活動を始めたのは、相手（途上国の障害者）だけが変わったのではなく、自分も変わったという相互作用の一つの結果でしょう。

フレイレはこの「対話」という相互主体的な関係が成立するには、二つの条件があると言っています。一つは、双方が対等な関係にあり信頼に基づいていること、もう一つは「私はあなたが知っていることを知らない。あなたと私は考えていることが違う、そして（だから）私はあなたの考えを知りたい」という認識を双方がもっていることです。逆を考えるとわかりやすいかもしれません。例えば、一方が「私はあなたが知っていることは全部知っている（あなた以上に知っている）」と思えば、そこには対話をする必要は生じません。私のほうが知っているのだから私の言うことを聞きなさいという伝達の関係しか生まれません。教室での先生と生徒、病院での医師と患者、被災地での専門家と住民の姿が目に浮かびませんか。

ピア・ボランティアの意義のところでエンパワメントについて触れましたが、フレイレは、社会を変えていく行為者になるという意味のチカラは、他者から与えられるものではないと言います。それは、対話と実践（行動し考えまた行動することの繰り返しの行為）によって人々が自分自身で獲得するものであり、対話という相互主体的な関係のみがこのエンパワメントを生み出すことができると言っています。ピア・ボランティアがエンパワメントを生み出していったのは、この相互主体的な関係を構築していったからだと言えます。言い換えれば、彼らはボランティアという行為において「してあげる」という一方的な行為、また伝達という関係性を乗り越えたのだと言えるでしょう。途上国の障害者の当事者としての問題解決に向けた主体性、そして、その過程に寄り添い共に歩こうとするボランティアとしての自分自身の行為の主体性、それらを一方的なものとしてではなく、双方向的な相互主体的な関係へと統合・昇華していった事実の一つひとつがここに報告されているのだと思います。

では、ピア・ボランティアたちはどのようにしてこの相互主体的な関係を構築していく方法を獲得していったのか。それを考える鍵の一つが「共感」というものではないか、と私は考えています。

「共感」と「共感(能)力」

話は少し飛びます。ベトナム戦争があった一九六〇年代、「ベトナムに平和を! 市民連合」の結成に大きく寄与した人の一人に花崎皋平がいます。彼は、ベトナムという遠い東南アジアの地で行われている戦争、その戦火の被害当事者であるベトナムの人々、その加害当事者でありかつ被害当事者でもあるアメリカ軍の兵士たち、それに対して日本にいる自分が何をどうすればよいのかを考え行動するなかで、連帯し行動していくという行為の核は共感であると認識し、それは共感する力・共感能力というチカラであると考えました(花崎皋平『生きる場の哲学――共感からの出発』岩波新書)。

戦争という状況ではないですが、アジアやアフリカの貧困という状況に対して何かしようと思う国際協力ボランティア、大震災の被災者支援を行う震災ボランティア、ホームレスの支援を行うボランティア、花崎が置かれ悩み抜いた彼の行為の核はこれらのボランティアの行為にもそのままあてはまるものではないでしょうか。そこに起こっていることによって苦しんでいる人がいることを知り、その人たちの思いや気持ちを受け止め、その思いを自分のものとして獲得することで自分自身も傷つき、その課題を解決したいと共に願うこと。この共感のための最初のプロセスは、曽田さんがバギーとの間で築いていったように、ボランティアになる一人ひとりの中で起こっていることなのではないでしょうか。

ただし、共感とはボランティアの一方的な想いや意思ではありません。ボランティアという行為を介在して関係する双方が、お互いの気持ちや思いそして意思を感じ合い、認め合うという共振や共鳴とも言えるものがあって初めて、共感という関係性があるのだと言えるのでしょう。

その関係性を築いていくために大事なことは、社会的正義のような道徳や価値判断といった観念的・理論的側面もあるのかもしれませんが、そういう価値判断を一度留保し、苦しんでいる人々の思いを自分自身に引きつけ獲得していくという感性・創造力というチカラとしての共感、つまり共感する能力なのだと思います。それは受身的な同情ではなく能動的な共感であり、それをするための力量が求められます。この共感能力が高い人がボランティアを志すのかもしれません。感性、想像力、そして苦しみを共に担う意思がない者には、この共感という関係をつくり上げるチカラはないのでしょう。

障害者団体に寄付をしたいという個人や団体のお手伝いをすることがあります。その時、その障害者団体のことやその国の障害者の状況を知ることには興味を持たず、お金をあげることで満足している人に会うこともままあります。そこには同情はあっても共感はないのかもしれません。また、いわゆる途上国の開発に関わる人のなかには、日本から持ってきた知識や技術を教えることに注力し、現地の人々の状況や困難には興味をもたない人たちもいます。そこには科学的・論理的な判断や正しさはあるのかもしれませんが、やはり共感はないのかもしれません。共感は、可傷性や傷つきやすさ（vulnerability）という概念としても議論されていますが、共感がチカラであるように、傷つきやすさもマイナスのものなのではなく、ボランティアになることにとっては実はチカラであると言えるのです。

本書に登場したピア・ボランティアは、この共感を基に、そして、自分が苦しむ立場で経験したさまざまな他者との関係のあり方から、苦しむ人に寄り添い、共に歩き、道を切り開く姿勢とチカラを獲得していた、もしくは、ボランティアになって初めて自分が介入する立場になることで、それを学び獲得していったのだと思います。それが相互主体的な関係性としてのボランティアをつくっていったのだと思います。安原さんが今回の執筆を通して自分の活動を振り返るなかで、とても正直に語ってくれています。自分は体に差異があるという意味では現地の障害者と同じであったし、彼らの置かれている状況に対して「こんなの平等じゃない」と憤りも感じた。しかし、自分が彼らに対してとった行動は、今振り返れば、自分がやられて嫌だった同情という行動であり、私は現地の障害者と本当の意味でのピアになることなく、そうなる努力をしないまま活動し、帰国してしまった、と。しかし、この経験があったからこそ、彼女は今改めてピアとしての活動をすべく歩いています。

この本を書くにあたり、執筆者同士メーリングリストでピアの視点からお互いの原稿を読み合い、何度も書き直しをしてきました。その過程で最終的な原稿では別な表現になりましたが、曽田さんの途中の原稿にあった表現が私にとってはこの本で考えたかったことの核心を表していました。ですので、この本はそれを皆さんと共有することで終わりたいと思います。私たちは障害者ではない限り、障害の経験という意味でのピア・ボランティアには決してなれません。しかし、共感というチカラをもって相互主体的な関係を築く意志をもつことで、私たちはボランティアになることができるはずです。

「『当事者にしかわかり得ない』という立場を引き受けた上で、それでもなお、相手を理解しようという共感への強い意志をもつこと、そして、『きっとできる』『大丈夫』と、相手の可能性を徹底的に信じる。そうすることによって私は、現地の障害者と一緒に歩むピア・ボランティアをめざしたい。」

久野研二

あとがき

「ピア」のチカラを目の当たりにしたのは、本書でも触れた中西正司さんとマレーシアで自立生活運動の推進にあたっていたときです。その中で中西さんはじめ日本の障害当事者の方たちが障害ピアとして、自立生活センターの設立やピア・カウンセラーの育成を行うなかで、マレーシアの障害者たちは大きく変わっていきました。

相互主体的な関係の重要性に目を開かせてくれたのは、パウロ・フレイレの理論を自分自身の実践によって身をもって教えてくださったグローバル地域研究所の小松光一さんやアジア保健研修所におられた池住義憲さんや職員の皆さん、また日本福祉大学の穂坂光彦さんなどとの出会いでした。

そして、それら全てをひっくるめた体験をさせてくれたのは、この本に登場してくださったピア・ボランティアたちです。一緒に仕事をすることを通して、私にこのような気づきと確信を与えてくださった皆さんにこの場を借りて心からお礼を述べます。

ピア・ボランティアの経験と可能性を多くの人と共有したいという思いがこのように本という

形になったのは、現代書館編集部の小林律子さんのおかげです。今から四年前、私がマレーシアでピア・ボランティア派遣の一端に関わり、彼・彼女らの挑戦に触れるなかで、この挑戦を伝えたいという思いを『季刊福祉労働』一二〇号（二〇〇八年十二月刊）において座談会という形で世に出してくださったのが小林さんでした。そして、改めてより多くのピア・ボランティアの経験を伝えることの意義を誰よりも理解し、本という形にしてくださいました。多くの執筆者が関わる本書の製作過程がスムーズに進んだのは、ひとえに小林さんのお力が大きかったと感謝しています。本当にありがとうございます。

本書に登場してくれたピア・ボランティアが活躍できたのは、もちろん本人自身のチカラが不可欠ですが、それだけでは実現できませんでした。それ以前に障害当事者による国際協力の実践の意義と可能性を身を賭して切り開いていってくださった障害当事者の方々、制度が整備されていないなかで初めてのことに積極的に挑戦してくださったＪＩＣＡ青年海外協力隊事務局の方々、ピア・ボランティアの赴任地で活動を支えてくださった現地ＪＩＣＡ事務所の方々、ピア・ボランティアの派遣に向け国内外で支援してくださった方々、現地配属先の方々、同じ国で働くＪＩＣＡボランティア、そういった方たちの協力や支援があってここまでの実践が積み重ねられてきたのだと実感しています。ピア・ボランティアの挑戦を応援してきたものの一人として、僭越ではありますが、関わっていただいたお一人おひとりに御礼を述べたく思います。

最後に、素敵な推薦のお言葉を寄せてくださった有森裕子さん、本当にありがとうございます。

「つながる」という言葉でピア・ボランティアの核心を捉えていただいたこと、本当にうれしく思います。また、ＪＩＣＡマレーシア事務所長でおられた頃から国際協力における障害分野の重要性とピア・ボランティアの意義について深いご理解と支援をいただいた鈴木規子ＪＩＣＡ広報室長にも心から感謝を申し上げます。

私は、答えを出すことではなく、答えを出すべく考え続けること、そのための問いを持ち続けることのほうがより大事だと考えています。考え続けることで、新しい答えや、更に考えるべき課題が見つかります。この本も皆さんにとってそのような問いとなることを願っています。

マレーシアにて　久野研二

❖編著者紹介

久野研二（くの　けんじ）

独立行政法人国際協力機構（ＪＩＣＡ）国際協力専門員（社会保障）。専門は「障害と開発」、特に障害平等研修やツイン・トラック・アプローチ（エンパワメントとインクルージョンの統合的開発戦略）など。
日本福祉大学大学院・国際社会開発研究科非常勤講師（修士課程「障害と開発」）。
英国イースト・アングリア大学博士号（学術：開発学）。

主な著書・訳書には、『途上国障害者の貧困削減』（森壮也編、分担執筆、岩波書店）、『障害と開発』（森壮也編、分担執筆、アジア経済研究所）、『リハビリテーション国際協力入門』（共著、三輪書店）、『障害者自身が指導する権利・平等と差別を学ぶ研修ガイド』（訳書、明石書店）、『障がいって、なあに？』（訳書・絵本、明石書店）など。

ピア・ボランティア世界《せかい》へ
――ピア（仲間《なかま》）としての障害者《しょうがいしゃ》の国際協力《こくさいきょうりょく》――

二〇一二年四月二十七日　第一版第一刷発行

編著者　久野研二
発行者　菊地泰博
発行所　株式会社現代書館
東京都千代田区飯田橋三-二-五
郵便番号　102-0072
電　話　03（3221）1321
ＦＡＸ　03（3262）5906
振　替　00120-3-83725
組　版　具羅夢
印刷所　平河工業社（本文）
東光印刷所（カバー）
製本所　越後堂製本
装　幀　藤田美咲

校正協力・西川亘

ISBN978-4-7684-3515-1
定価はカバーに表示してあります。乱丁・落丁本はおとりかえいたします。
http://www.gendaishokan.co.jp/

活字で利用できない方のための
テキストデータ請求券
『ピア・ボランティア
世界へ』